Karlheinz A. Geißler

Schlußsituationen

Die Suche nach dem guten Ende

Beltz Verlag · Weinheim und Basel

Über den Autor:

Karlheinz A. Geißler lebt, lehrt und schreibt in München und vielen anderen schönen Orten. Er beschäftigt sich mit den grundsätzlichen Dingen des Lebens, des Lehrens und Lernens.
– Wie geht man sinnvoll mit der Zeit um? *Zeit-leben* 4. Auflage 1992.
– Wie fängt man an? *Anfangssituationen* 4. Auflage 1991.
– Wie macht man so Schluß, daß man wieder anfangen kann – die *folgenden Seiten.*

Die Deutsche Bibliothek – CIP-Einheitsaufnahme

Geißler, Karlheinz A.: Schlußsituationen : die Suche nach dem guten Ende /
Karlheinz A. Geißler. – Weinheim ; Basel : Beltz, 1992
  (Beltz-Weiterbildung : Training)
  ISBN 3-407-36304-4

Lektorat: Ingeborg Strobel

© 1992 Beltz Verlag · Weinheim und Basel
Herstellung: Klaus Kaltenberg
Satz (DTP): csg, computersatz und grafik gmbh, Weinheim
Druck: Druckhaus Beltz, Hemsbach
Umschlaggestaltung: Bernhard Zerwann, Bad Dürkheim
Printed in Germany

ISBN 3-407-36304-4

Inhaltsverzeichnis

Ich danke allen,
die mit mir »Schluß« gemacht haben.
Und ich widme dieses Buch jenen,
die es noch nicht taten.

»Bevor
ich zum
Schluß
komme ...«

*Wer den Anfang
nicht ehrt,
ist des Endes
nicht wert*

Dieses Buch ist ungewöhnlich: Es beginnt mit dem Schluß, und es hört auch mit ihm auf (das müßte eigentlich das ideale Buch für alle jene sein, die den Schluß gerne als erstes lesen). Hier wird von Anfang bis Ende »Schluß gemacht«. »Wie soll das alles enden« ist das Thema. Aber die allererste Frage ist, wie fängt man ein Buch an, bei dem man bereits zu Anfang beim Ende ist?[1] Getrieben von der Befürchtung, daß wahr wird, was Schiller (in der Braut von Messina) prophezeit: »Ja, es hat nicht gut begonnen, glaubt mir, und es endet nicht gut«, hole ich mir Rat bei dessen kollegialem Rivalen Goethe. Das Vorwort (und um nichts anderes handelt es sich hier ja auch) der Schriften zur Meteorologie beginnt mit dem in der Sache Orientierung verleihenden Hinweis: »Indem man sich zu einem Vortrag über einen Gegenstand anschickt, so ist es wohlgethan, zu bedenken und sodann Anderen mitzuteilen, wie man auf die Betrachtung gerade dieses Gegenstandes gekommen und unter welchen Umständen man demselben nach und nach mehrere Aufmerksamkeit zu widmen angeregt worden.« Das will ich tun, denn gerne lasse ich mich bei diesen gefährlichen Gratwanderungen zwischen Anfang und Ende von einem Profi dieser Kunst belehren.

> Man sollte Gesellschaften abhalten, die damit beginnen, daß ein Anwesender sagt: Jetzt muß ich aber wirklich gehen!
>
> *(Vorschlag von Hanno Weigel)*

Über Schlußsituationen zu schreiben ist für abergläubische Menschen wohl unmöglich, aber auch für jene, die sich davon frei wähnen, ist dies schwierig. Man (und dies bin »ich« in diesem konkreten Fall) wird beim Schreiben über Schlüsse unweigerlich selbstreflexiv: Was hat das Thema mit mir und meiner Lebenssituation zu tun? Wann ist im Leben der geeignete Zeitpunkt gekommen, sich über das Ende und die Enden Gedanken zu machen? Ist man vielleicht selbst am Ende, wenn man über Schlußsituationen schreibt oder provoziert man dieses? Denn, so Umberto Eco (1989): »Wer ein ernstzunehmendes Buch über Frösche schreibt, wird unter Fröschen begraben werden.« Kann man nach einem Buch, bei dem der »Schluß« das Thema ist, noch weiterschreiben?

Viele Fragen, keine Antworten. Mag sein, daß dies der Grund ist, warum so wenige übers Schluß-Machen schreiben. Mit einer Ausnahme: Über den großen Schluß, den Tod, wird insbesondere in jüngster Zeit eine unübersehbare Menge publiziert. Das läßt sich erklären: Schreibt man über den Tod, so spürt man sehr deutlich, daß man noch lebt, und daß es noch nicht aller Tage Abend ist. Nicht gänzlich ist von der Hand zu weisen, daß dies auch eines meiner Motive war und ist, mich mit den Schlüssen zu beschäftigen. Aber auf die unvermeidliche Frage,

---

1 Beckett hat in seinem »Endspiel« das Problem auch lösen müssen. Die ersten Worte sind dort: – »Finished, it's finished, nearly finished, it must be nearly finished.« Auf deutsch: – »Ende, es ist zu Ende, es geht zu Ende, es geht vielleicht zu Ende.«

wie kommt man eigentlich dazu, ein Buch über Schlußsituationen zu schreiben, könnte ich sehr unterschiedliche Gründe anführen:

– Ich könnte einen trivialen Grund nennen: Endlich will ich Schluß machen mit dem Nachdenken über Schlußsituationen.

– Auch ein selbstreflexives Geständnis wäre möglich. Da ich mit dem Schlußmachen immer wieder Schwierigkeiten habe, schreibe ich darüber. In der (vielfach enttäuschten) Hoffnung, übers Nachdenken meine Handlungsfähigkeit zu verbessern.

– Ein offensichtlicher, nicht allzu verdeckter Grund könnte angeführt werden: Vor zehn Jahren schrieb ich ein Buch über »Anfangssituationen« (das 1991 in 4. Auflage erschien) und vor sieben Jahren eines über den Umgang mit der Zeit (Zeit leben, 3. Auflage 1989). Es liegt auf der Hand, die Trilogie mit einem Schluß-Buch abzuschließen.

– Auch biographisch ließe sich ein Motiv finden: Aus der ländlichen Provinz in die Großstadt zum Studium kommend, bewunderte ich das Theater. Da meine Finanzen den regelmäßigen Theaterbesuch nicht zuließen, schlich ich mich in den Pausen auf die billigen Balkonplätze. Dies machte mich zu einem Spezialisten und zu einem Liebhaber für letzte Akte.

– Und noch ein weiterer Grund dafür, daß dieses Buch geschrieben wurde: Bücher schreibt man mit der (irrtümlichen) Absicht, Ruhm und das ewige Leben zu erlangen. Letztlich schreibt man gegen das Ende an. Mich hat es gereizt, genau dies mit dem Thema »Schluß« zu versuchen.

Damit aber genug, die Qualität einer Publikation ist nicht identisch mit der Qualität der Gründe, warum diese realisiert wurde. Und außerdem: Die tieferen, wirklichen Gründe, die sind mir verborgen. Ihre Erforschung wäre (für mich) zweifelsohne von Interesse, aber dies hätte mich eventuell davon abgehalten, das vorliegende Schlußbuch zu schreiben. Die unendliche Analyse schien mir kein attraktiver Ersatz für die Endlichkeit eines Buches übers Ende.

Das Thema »Schluß« ist ernst, ja, es ist zu ernst, um damit nicht auch zu spielen. Von vielen Seiten versuche ich es anzugehen, ohne dabei dem Anspruch zu genügen, es schließlich zu fassen zu bekommen (alles das, was sich fassen läßt, ist sowieso uninteressant, es sei denn, man wäre bei der Polizei). Gewagte Verbindungen, assoziative Verknüpfungen, spekulative Zusammenfügungen und ungesicherte Kombinationen habe ich dabei bewußt gesucht. Denn es handelt sich beim Schlußmachen um die Annäherung an ein Phänomen des Alltags, also eine Trivialität; und diese muß einem erst einmal fremd werden, damit man sie erkennen und verstehen kann. Ich weiß mich dabei in guter Gesellschaft. Kant hat für seine »Anthropologie in pragmatischer Hinsicht« Hilfsmittel (Original Kant: »Hülfsmittel«) herangezogen: »Weltgeschichte, Biographien, ja Schauspiele und Romane« (1907, S. 121). Zusätzlich habe ich Bilder, Gedichte und Karikaturen verwendet, denn (auch dies wieder Kant): »Alle unsere Erkenntnisse hebt von den Sinnen an, geht von da zum Verstande und endet bei der Vernunft.« (1975, S. 139) Und wenn die Vernunft sich nicht überheblich von der Unterhaltung absondert, dann hat sich die Anstrengung des Lesens und die des Schreibens gelohnt. Auch wenn es sich um so etwas unbedeutend Bedeutendes wie den Schluß handelt.

> »Ein Mann, der auf einer Floßbrücke steht, entdeckt mit Hilfe eines Fernglases, daß sich im Wasser etwas bewegt, bis er sieht, daß das, was er erblickt, der Schatten eines kleinen Tieres auf dem Grund ist, das auf der Oberfläche liegt und am Ertrinken ist. Zuerst wirft er sich nun hin, so lang er ist, um es mit einer Stange zu retten; aber die Strömung macht das unmöglich; da entkleidet er sich, watet hinaus, mit dem Fernglas in der einen Hand, um es im Auge zu behalten, da die Bewegung der See die Ruhe des Blicks stört, – und rettet es schließlich. Bei diesem Anlaß haben sich dort verschiedene Menschen gesammelt, um zu sehen, was er tut; ein Polizist kommt dazu und nimmt ihn fest, weil er an einer Stelle ins Wasser gegangen ist, wo es nicht erlaubt ist. Da nimmt er sein kleines Tier, das indessen so klein ist wie ein Marienkäfer, zeigt es und erklärt, er habe sich hinausgewagt, um es zu retten, – und die ganze Menge lacht über ihn, und die Polizei bestraft ihn! Der Fehler liegt nun nicht darin, daß man sein Mitleid nicht verstehen kann (denn davon ist in der Weise nicht die Rede), sondern daß man nicht einsehen kann, daß etwas Unbedeutendes durch die Einbildungskraft usw. eines Menschen dazu kommen kann, ihn unbedingt zu beschäftigen.« (Kierkegaard 1975, S. 327).

Der Schluß ist für eine Gesellschaft, die das Vorwärts-Schreiten zu einem Fetisch macht – und dabei schon lange nicht mehr schreitet, sondern rast – etwas Lästiges, Unangenehmes, Unbedeutendes. Als Kinogänger erlebt man es sinnlich: Die Eingänge unserer Lichtspieltheater sind pompös ausgestattet, der Ausgang erfolgt über die Hintertreppe. Nach vorne sollen wir blicken[2] (so auch der Tenor der offiziellen Silvesterreden). Altes wird nahtlos durch Neues ersetzt, wer innehält

---

2 Daß dieser permanente Aufstieg eine Illusion ist, weiß jeder Bergsteiger. Gäbe es nicht auch den Abstieg, wären die Gipfel voll mit erfrorenen und verhungerten Bergsteigern.

für einen Abschied, verpaßt den Zug der Zeit. Im Zeitalter des Transrapid gibt es nur noch das permanente Unterwegssein aller. Mobilität und Flexibilität, die kategorischen Imperative der Erfolgreichen, verflüssigen das Anfangen und das Abschließen[3]. Anfänge und Abschlüsse werden dadurch überflüssig. Es ist die Zeit der großen »End-Ausscheidung«. Nichts darf mehr altern, keine Gebäude, keine Bücher, keine Menschen. Wir überholen dauernd. Alles wird renoviert, Novitäten bestimmen den Markt, Kosmetikindustrie bzw. Schönheitschirurgie bemühen sich im eigenen Interesse um die Jugend der Älteren. Vor lauter Geschäftigkeit fehlt uns die Zeit zum Abschiednehmen, zum Erinnernkönnen. Die Non-Stop-Society macht den Schluß zum Restrisiko und läßt ihn nur dort noch zu, wo er profitabel erscheint: Konkurse sind nicht mehr das Ende, sondern eine willkommene Möglichkeit zur Sanierung. Hans Albers hat das Programm dieser Gesellschaft Lilian Harvey verraten: »Einmal glücklich auf Stunden sein, einmal will ich gebunden sein und dann wieder verschwunden sein – das ist Glück.«

Die Erwachsenenbildung, und daraufhin konkretisiere ich ja das Thema in meinen Ausführungen, bildet diesen Trend deutlich ab. Zwei Konzepte, die eine breite Akzeptanz in der bildungspolitischen Diskussion finden, sind es, die der Entsorgung von Abschlüssen massiv Vorschub leisten. Das ist zum einen das Konzept »lebenslanges Lernen«. Bei diesem wird die/der Lernende zur ewig wandernden Baustelle, die ein Leben lang aufs Leben vorbereitet. Bildungsprozesse haben kein Ende mehr, sie schließen nicht ab, sondern machen nur mehr die Notwendigkeit deutlich, noch mehr zu lernen. Es herrscht im lebenslangen Lernkonzept die Ideologie, daß das Alte nahtlos und trauerlos in immer rascherer Folge durch Neues ersetzbar wäre, und daß wir durch permanente Qualifikationsprozesse ewig jung und ewig produktiv sein könnten. Bei einer solchen Non-Stop-Pädagogik folgt ein Kurs dem anderen. Abschied und Beginn werden immer undeutlicher, falls es sie überhaupt noch gibt.

Unterstützt wird dies durch das mit öffentlichen Mitteln geförderte zweite Bildungskonzept, das Lernen mit sogenannten »Bausteinen«. Die Lernenden kombinieren sich dabei ihre Lernelemente nach ihren Bedürfnissen (eine durchaus begrüßenswerte Möglichkeit), aber sie kommen zu keinem Abschluß mehr. Die relative Beliebigkeit der Bausteinkombination und die Individualisierung des

Die Schildkröte

»Ich bin nun tausend
   Jahre alt
und werde täglich älter;
der Gotenkönig Theobald
erzog mich im Behälter.

Seitdem ist mancherlei
   geschehn,
doch weiß ich nichts
   davon;
zur Zeit, da läßt für Geld
   mich sehn
ein Kaufmann in
   Heilbronn.

Ich kenne nicht des Todes
   Bild
und nicht des Sterbens
   Nöte;
Ich bin die Schild- ich bin
   die Schild-
ich bin die Schild-
krö - kröte.«

Christian Morgenstern

---

3 Wir haben alle immerzu Termine, aber wir nehmen sie nicht wirklich ernst: *Terminare* heißt nämlich beenden, abschließen, abgrenzen. Genau dies tun wir *nicht* mit unseren Terminen. Indem wir einen an den anderen hängen, verlieren wir die Abschlüsse.

Lernprozesses läßt die Bildungsbiographie irgendwo im Ungewissen versickern. Die Lernenden verlieren sich im und beim Lernen. »Heutzutage halten wir all unsere Erfahrungen nicht mehr für Etappen eines und desselben einheitlichen und daher einsehbaren Vorgangs, die allesamt auf einen Anfang ausgerichtet seien und zu einem Ende hinstrebten. Wie die Zeit in der Quantenphysik erscheint uns unser (individuell oder kollektiv) gelebtes Leben als eine diskontinuierliche Folge frei verschiebbarer Augenblicke, die sich entweder fortsetzen oder abbrechen oder auch in neue Richtungen verzweigen können.« (S. Moses 1990, S. 117) Vielleicht sind ja diese beiden aktuell so hochgelobten Modelle unserer Bildungskultur nicht viel mehr als der verlegene Versuch, die Unfähigkeit zu beenden, d.h. Schluß zu machen, zu verschleiern. Un-Schlüssigkeit ist das Programm. Hierdurch aber werden Anfang und Ende beliebig, das subjektive Erleben des Beginnens und des Abschließens wird immer weniger zugelassen, kaum mehr akzeptiert und nur mehr selten gemeinsam ausgehalten[4]. Der Umgang mit dem Ende politischer Systeme zeigt dies ebenso wie jene mehr als 150.000 Abbrüche, die jährlich in unserer Republik als Ehescheidungen etikettiert werden, und nicht zuletzt zeigt sich das in unserer Alltagskommunikation: »Ich muß jetzt Schlußmachen« ist die vorgetäuschte Pflicht, die beim Telefonieren nur die Feigheit verdeckt, sinnvoll ein Gespräch zu beenden. Da wird wenig verarbeitet und abgeschlossen, da werden Trümmer auf Trümmer geschichtet. Je mehr abgebrochen statt abgeschlossen wird, umso mehr Totes häuft sich in der Gesellschaft an und umso mehr verfallen wir der Illusion von Grenzenlosigkeit. Denn die Fähigkeit zu enden, abzuschließen, verdankt sich ja der Kenntnis, der Erfahrung und der Akzeptanz der Grenze und das heißt der eigenen Begrenztheit. Aufstieg existiert nicht ohne Abstieg, Werden nicht ohne Vergehen und Unabhängigkeit nicht ohne Abhängigkeit. Das alles ist in seiner Vielfältigkeit nur möglich durch die Bewältigung von Trennungssituationen, denn erst als Himmel und Erde sich trennten, entstand Leben und entwickelte sich die Vielfältigkeit des Lebendigen. Und so ist auch die Bildung Erwachsener (vgl. dazu Geißler/Kade 1982) notwendigerweise auf Abschiede, auf Ablösungen und darauf folgenden Anfang und Neubeginn angewiesen. Das Gegenbild zu unserem End-losen Fortschritt findet man bei Antigone: Gegen die ausdrückliche Anordnung von Kreon bestattet sie ihren Bruder. Als eine der härtesten Strafen und gleichzeitig als Greueltat galt den Griechen die

---

4 Dies ist letztlich eine Form, den Tod zu verdrängen. Trennungen bewußt zu empfinden, zu erleben und zu verarbeiten hieße ja, schließlich auch die Gegenwart des Todes in unserem Leben zu akzeptieren. Dann könnten wir auch den Unterschied empfinden, der zwischen Leben und Überleben besteht. Ein guter Schluß ist Teil des Lebens, das Weitermachen ohne Schluß häufig nicht mehr als das Überleben.

Verweigerung der Bestattung von Toten. Nach einer Schlacht war es üblich, einen Waffenstillstand zum Zwecke der Gefallenenbestattung abzuschließen. Eine Kultur, hinter die wir zurückgefallen sind. Hoffmannsthal hat noch einmal eindringlich daran erinnert: »Die Kunst zu enden – wer das kann, kann alles.« (zit. nach J. Söring 1990, S. 7)[5]

So kann's enden...

»... Verbleibe ich mit vorzüglicher Hochachtung«

»... Raus hier, und laß Dich bloß nicht wieder blicken«

»... Komm, nicht weinen...«

»... Wo die nur bleiben, ob die überhaupt noch einmal kommen«

»... Hiermit müssen wir Ihnen mitteilen, daß Ihr Arbeitsverhältnis bei uns«

»... Gut, daß Du da warst«

»... Bestätigen wir Ihnen die erfolgreiche Teilnahme am Kurs«

»... Er stand in der Blüte seines Lebens«

»... Schön, Sie kennengelernt zu haben«

»... Tschüß«

»... Bis zum nächsten mal«

»... Ich muß jetzt Schluß machen«

»... Also dann, Auf Wiedersehen«

»... Herzlichen Dank für alles«

»... Machs gut«

»... Das war's«

---

5   Das ist der literarische Ausdruck der Wiener Volksweisheit: »Wannst leben wüllst, muaßt über's Sterb'n red'n«.

»Sehr geehrter Herr,

Ich beschließe nun mein Schreiben und erachte die ganze Angelegenheit für erledigt«

Hochachtungsvoll
Lorenz und Babette Geier«

(K. Valentin: Die Erbschaft)

Nun geht es in diesem Buch nicht um das große Ende. Gegenstand der Ausführungen sind die vielen Trennungen, die Schlüsse, die kleinen sozialen Tode unseres Lebens. Es geht um jene Endsituationen, die man erlebt (bzw. erleben könnte). »Der Tod«, so Wittgenstein, »ist kein Erlebnis des Lebens. Den Tod erlebt man nicht.« (1963, S. 113) Es sind die Schlüsse *im* Leben, nicht die *des* Lebens, die hier Thema sind. Letztlich geht es nämlich ums Wieder-Anfangen (können); um die Verarbeitung von Erfahrungen, von denen man sich durch gelungene Schlüsse distanzieren kann (vom Tod kann man sich nicht distanzieren). Da aber unser gesellschaftlicher und unser individueller Umgang mit dem großen Ende Auswirkungen auf die kleinen Schlußsituationen des Alltags hat, werden assoziative Beziehungen im Text nicht umgangen, an einigen Stellen sogar gesucht.[6] Beide haben eines gemeinsam: Das Ende ist kein Zufall. Wäre es ein solcher, so könnte mein Interesse für den Rand von sozialen Prozessen nur ein analytisches sein. Trennungen und Abschiede müssen wir aber nicht erdulden, wir können sie aktiv handelnd vollziehen. Nur in diesem Sinne legitimiert sich die »Suche nach dem guten Ende«. So geschieht dort, wo ich mich beschreibend den Schlußphänomenen nähere, dies mit der Erwartung, daß sich das, was ist, zum Besseren ändert. Diese Erwartung aber muß bescheiden bleiben, da das »Abschließen-Können« nicht eine Schwierigkeit des Intellekts, sondern eine der Affekte ist.

»Man nimmt leicht an, daß man das Alltägliche auch wirklich kennt und in seiner Bedeutung mühelos durchschaut; und doch gleitet der Blick über nichts achtloser hin als über das Gewöhnliche, das uns wirklich geringfügig zu sein scheint, weil es unsere Aufmerksamkeit nicht mehr zu fesseln vermag, während es doch lebensvoller und stärker ist als das Seltsame und Unerwartete.
Die alltäglichen Begriffe werden denn auch selten näher geprüft; thut man es doch, dann ist oft das Erstaunen nicht gering, das anscheinend so Einfache als eine sehr verwickelte Erscheinung zu finden ...« (H. Schurtz 1902, S. 11)

---

6 Das Schlußmachen ist manchmal auch die sublimierte Form, einen Mord zu begehen. Mit der häufigen Folge, daß die Betroffenen *nicht* mit »ewiger Ruhe« rechnen können.

Ein Teilnehmer macht Schluß

Das plötzliche Ende

15

Der Ausstieg (aus dem fahrenden Zug)

Die Situation

Es ist der dritte Abend einer Volkshochschulveranstaltung, die im wöchentlichen Rhythmus (ein Semester lang) jeweils dienstags von 19.00 – 21.00 Uhr stattfindet: Bisher waren immer alle zehn Teilnehmer/Teilnehmerinnen anwesend, die sich auch zum Kursus angemeldet hatten. Heute jedoch fehlen zwei Personen. Zunächst wartet man ab, ob sie noch nachkommen. Die von der Kursleitung gesetzte Frist von zehn Minuten wird, nachdem die beiden Fehlenden immer noch nicht erschienen sind, auf Bitten einer Teilnehmerin um weitere fünf Minuten verlängert. Danach fragt die Dozentin, ob jemand wüßte, warum die beiden heute nicht kommen würden. Nein, man wisse dies nicht, wird von zweien geantwortet, die übrigen Gruppenmitglieder schweigen. »Nun gut«, entscheidet die Dozentin daraufhin etwas frostig, »dann fangen wir halt jetzt an«. Dies tut sie auch.
Die erwarteten Teilnehmer treffen auch später nicht mehr ein. Nach der Veranstaltung ist die Leiterin unzufrieden. Es hat ihr heute keinen Spaß gemacht; es war für sie heute ungewöhnlich anstrengend, die Teilnehmer/Teilnehmerinnen haben nicht mitgemacht; sie mußte den gesamten Kursabend alleine gestalten; irgendwie, so ihr Gefühl, war die Gruppe nicht bei der Sache.

Was ist geschehen?

Es gibt einen Zusammenhang zwischen dem Fehlen von zwei Teilnehmern und der Gruppenstimmung, d.h. der Schwerfälligkeit des Lehr-/Lernprozesses und den Enttäuschungsgefühlen der Dozentin. Dieser Zusammenhang wird während des Lehr-/Lernprozesses nicht gesehen und daher auch nicht zum Thema gemacht.

Die Gruppenmitglieder (die Dozentin und die Teilnehmer/Teilnehmerinnen) werden zu Beginn ihrer dritten gemeinsamen Veranstaltung mit dem Sachverhalt konfrontiert, daß sie verlassen wurden. Die Gruppe ist unvollständig. Das Fehlen zweier Mitglieder wird als Verlust erlebt (Personen mit psychoanalytischem Blick würden von »Kastration« sprechen). Diese plötzliche Erfahrung, unvollständig zu sein, etwas verloren zu haben, bestimmt (als verborgenes Thema) die Dynamik des Lehr-/Lernprozesses.

Die Teilnehmer/Teilnehmerinnen beschäftigt etwas anderes als das, was die Dozentin anbietet.

»Warum wurden wir verlassen?«
»Was habe *ich* dazu getan, daß die beiden nicht wiederkommen?«
»Wir sind anscheinend nicht sehr attraktiv für die beiden Fehlenden.«
»Die haben etwas Besseres vor.«
»Die haben den Mut, das zu machen, was ich auch gerne getan hätte.«

So oder ähnlich könnten die für die Gruppenöffentlichkeit nicht zugelassenen Fragen, Assoziationen, Phantasien lauten, die die Energien aller Beteiligten absorbieren. Oberflächlich wird ein Lehr-/Lernprozeß veranstaltet, die Kursrealität wird aber von der Suche nach Antworten auf die Fragen bestimmt: *Warum fehlen diese beiden Gruppenmitglieder?* Und: *Wie gehe ich mit der Enttäuschung um, verlassen worden zu sein?* Beides sind Fragen, die *alle* Gruppenmitglieder – auch die Dozentin – beschäftigen.

Das Wegbleiben von zwei Personen ist ein Gruppenproblem, es wird aber in unserem Fall offiziell nicht zu einem solchen gemacht. Alle müssen alleine damit zurechtkommen. Die Leiterin der Gruppe gibt die wirkungsvolle Norm vor: Sie wehrt das Thema ab, indem sie in die lehrstoffbezogene Geschäftigkeit ausweicht. Sie tut so, als sei nichts geschehen, als sei alles so wie vorher. Ihre Kränkung, von zwei Gruppenteilnehmern verlassen worden zu sein, »verarbeitet« sie durch energisches Einbringen von Lehrstoff (der in diesem Fall nicht zum Lernstoff wird). Sie flüchtet in die Vermittlung von Inhalten. Sie kümmert sich nicht darum, ob die Teilnehmer das Angebotene heute überhaupt annehmen. Sie will den Verlust ungeschehen machen, sie will die Unvollständigkeit der Gruppe nicht als Realität anerkennen. Sie vermeidet die kränkende Einsicht, daß die Gruppe und deren Leiterin nicht so attraktiv sind, wie die Anwesenden dies gerne hätten. Dies aber ist eine Verleugnung der Wirklichkeit, die bei ihr (und auch bei den Teilnehmern) schließlich zu Unzufriedenheit führt.

Dazu einige Generalisierungen

Das Wegbleiben, das Fehlen, das Aussteigen von Gruppenmitgliedern löst bei *allen* Beteiligten belastende Erlebnisse aus. Bei denjenigen, die die Gruppe verlassen, aber auch bei jenen, die bleiben, die weitermachen. Der Verlust wird (affektiv) wahrgenommen und als Lücke im Rollenensemble der Gruppe schmerzlich registriert. Er wird von jenen, die in besonderer Art und Weise Verantwortung für den Gruppenprozeß übernommen haben, häufig als individuelle Kränkung erlebt.

Als »Katastrophenphantasie« bezeichnet ein Kursleiter in einem Gespräch mit J. Kade (1985, S. 90) seine Befürchtung in bezug auf eine Situation, wo Teilnehmer der Veranstaltung fernbleiben:

»Ich habe manchmal so eine Katastrophenphantasie, weil ich einen ziemlich intensiven Kontakt mit ziemlichem Tempo erarbeite, daß dann Leute nicht wieder kommen. Ja, z.B.nach dem Mittagessen, denke ich, also jetzt bleiben welche weg. Oder ich denke am nächsten Tag, jetzt bleiben welche weg.«

Besonders folgenreich jedoch ist es, daß Gruppenmitglieder, die ihre Gemeinschaft verlassen (ob still oder laut) bei den »Zurückgebliebenen« das (meist stille) Thema forcieren: Ist die Gruppe es wert zu existieren? Will ich als Mitglied nicht auch lieber gehen? Die Ambivalenz zwischen Nesttreue und Nestflucht wird thematisch (affektiv) aktualisiert. Das jeweilige Bindungsverhalten wird allen Teilnehmenden zum Problem.

Jedes Mitglied hat wohl im Verlauf des Gruppenprozesses mehrmals den Wunsch, die Gruppe zu verlassen. So repräsentieren Teilnehmer, die die Gruppe dann wirklich verlassen, jene Tendenz bei den Bleibenden, die die Distanz zur Gruppe ausmacht. Die Ambivalenz der Gruppenteilnehmer »Dableiben-Weggehen« wird in Bewegung gesetzt. Gibt es keine Gelegenheit, offen mit dieser Ambivalenz umzugehen, kann man häufig folgende Abwehrdynamik in Gruppen erleben: Es wird aggressiv mit jenen umgegangen, die weggehen wollen:

»Geh' doch, wenn Du unbedingt willst!« bzw. quasi als Nachruf auf die, die bereits gegangen sind: *»Wir können froh sein, daß der abgehauen ist, er hat uns ja doch nur gestört«*.

Hier zeigt sich die Abneigung gegen die Nestflüchter, die einen Teil von einem selbst repräsentieren und diesen handelnd umsetzen. Zusätzlich werden dann Gefühle des Hasses, der Antipathie, die in der Gruppe zwischen Teilnehmern bestehen, auf jene übertragen und konzentriert, die die Gruppe verließen. Haben die Gruppenmitglieder keine Gelegenheit offiziell mit solchen Haß- und Enttäuschungsgefühlen umzugehen, so werden diese abgewehrt, d.h. als »verborgene« Handlung wirksam. Dozenten und Dozentinnen erleben dies als Widerstand gegen ihre Angebote (dies sind die berüchtigten »lahmen und zähen« Sitzungen). Solches ist ein durchaus produktiver Widerstand – nämlich Widerstand gegen den Versuch, etwas (z.B. mit Hilfe eines Lerninhaltes) zum Gegenstand zu machen, das etwas anderes, viel Wichtigeres, zuzudecken versucht. Dieser Widerstand ist eine verdeckte Aufforderung (non verbis, sed gestibus), das für die Gruppe in dieser Situation Wichtigere unmittelbar zum Kommunikationsthema zu machen. Dozenten und Dozentinnen sollten solche Signale nicht ignorieren (oder gar bekämpfen). Sie sollten diese als Chance nutzen, die Gruppe dadurch wieder arbeitsfähig zu machen, indem sie am Thema des Widerstandes arbeiten.

Das ist aber leichter gesagt (bzw. geschrieben) als getan. Gruppenleiter und -leiterinnen sind nämlich in besonderem Maße vom Wegbleiben einzelner Teilnehmer (oder noch schlimmer: der ganzen Gruppe) betroffen. Es gilt für diese Dozenten und Dozentinnen das gleiche, was oben für die übrigen Gruppenteilnehmer bereits erwähnt wurde, zusätzlich jedoch besteht die Gefahr, daß der/die Leiter/Leiterin jenen Ärger (als Schuldzuweisung) abbekommt, den die Teilnehmer haben. Aufgabe der Leitung, so die Erwartung von Teilnehmern besonders am Beginn von Gruppenprozessen, ist es, dafür zu sorgen, daß die Gruppe erhalten bleibt, daß sich die Teilnehmer wohlfühlen, daß es ihnen gefällt. Die Realität, geprägt durch die Abbrecher, zeigt, daß die Gruppe nicht so ideal ist, und daß die Leitung, je nachdem wieviel Verantwortung sie sonst übernimmt, dafür primär verantwortlich ist. Dies steigert die Gefahr (und das sind dann die Horrorphantasien von Dozenten und Dozentinnen), daß die bisher dageblibenen Teilnehmer enttäuscht sind, gegenüber der Leitung mißtrauisch werden und sich dann ernsthaft überlegen, ebenso auszusteigen bzw. wegzubleiben. Die tragisch traurige Figur des »Königs ohne Volk« wird in solchen Momenten leicht zur aufgedrängten ängstigenden Assoziation. Dazu die Schilderung eines (erfahrenen) Therapiegruppenleiters, die auf andere Bildungsprozesse übertragbar ist.

»Ein unerfahrener Therapeut fühlt sich von dem Patienten, der auszuscheiden droht, verunsichert. Er bekommt Angst, daß seine Patienten einer nach dem anderen fortgehen werden, und daß er eines Tages zur Gruppensitzung kommen werde, nur um festzustellen, daß er dort allein bleibt. Wenn diese Phantasie wirklich von Ihnen Besitz ergreift, haben sie bereits aufgehört, für Ihre Patienten Therapeut zu sein. Das Machtgleichgewicht verschiebt sich. Sie fühlen sich erpreßt. Sie fangen an, sich verführerisch, schmeichlerisch zu benehmen – Sie tun alles, um die Patienten in weitere Sitzungen zu locken. Wenn Ihnen dies passiert, haben Sie natürlich Ihre therapeutische Wirksamkeit ganz und gar verloren.« (L.D. Yalom 1989, S. 309)

Was tun?

Es sind zwei (zusammengehörende) Sichtweisen, die für die sinnvolle und produktive Bewältigung der Situation »vorzeitiges Verlassen der Gruppe« grundlegend sind. Beide zähle ich zu den notwendigen (professionellen) Haltungen/Einstellungen von Dozentinnen und Dozenten:

a) Daß das verfrühte Ausscheiden aus Gruppenprozessen eine Realität ist, die offen und gezielt angegangen werden muß.
b) Daß man bereit ist, auch Gruppenmitglieder zum vorzeitigen Verlassen der Gruppe zu drängen (»hinauswerfen« heißt das direkter) bzw. (das ist nur die andere Seite davon), daß man sich nicht von der Idee der immerwährenden Vollständigkeit der Gruppe und damit von den Teilnehmern abhängig macht.

Yalom schildert das Geschehen seines eigenen Lernprozesses als Leiter von Therapiegruppen.

»Nachdem ich mich während vieler Jahre in meiner klinischen Arbeit mit dem Problem des verfrühten Ausscheidens aus der Gruppe herumgeschlagen habe, ist mir schließlich eine Lösung des Problems gelungen. Durch eine Veränderung meiner persönlichen Einstellung habe ich keine ›Ausscheider‹ aus der Gruppentherapie mehr. Aber ich habe Leute, die aus der Gruppentherapie ›hinausgeworfen‹ werden! Ich will damit nicht sagen, daß ich häufig Patienten aus einer Therapiegruppe hinauswerfe, aber ich bin durchaus bereit, dies zu tun, wenn ein Patient in der Gruppe nicht arbeitet. Ich bin völlig überzeugt, daß die Gruppentherapie eine höchst wirksame Psychotherapiemethode ist, und wenn ein Patient nicht fähig ist, von ihr zu profitieren, möchte ich ihn aus der Gruppe hinaus in eine für ihn geeignetere Therapie bringen und jemand anderen in die Gruppe aufnehmen, der fähig ist, das Angebot zu nützen.«

Das läßt sich ohne große Abstriche auf Bildungsprozesse anderer Art übertragen. Wenn diejenigen, die Gruppenprozesse leiten, diese Einstellung in ihrer Führungsfunktion umsetzen, dann wird der vorzeitige Ausstieg zum »normalen Ausnahmefall«. Dann kann angstfrei mit ihm umgegangen werden, und dann werden auch die übrigen Gruppenteilnehmer entlastet.

Steckrüben und
Sauerkraut,
die haben mich vertrieben.
Hätte Mariechen Fleisch
gekocht -
ich wär' bei ihr geblieben.

(Janosch 1984, S. 105)

So wie es Yalom (1989, S. 307) wiederum für Therapiegruppen beschreibt:

»Ein Notausstieg mag für den Gruppenprozeß unentbehrlich sein, damit manche Patienten ihre ersten tastenden Verpflichtungen der Gruppe gegenüber eingehen können. Die Gruppe muß irgendeinen Mechanismus haben, um Dampf abzulassen. Fehler in der Auswahl sind unvermeidlich, im Leben der neuen Mitglieder treten unerwartete Ereignisse ein, und in der Gruppe entwickeln sich unvorhergesehene Unverträglichkeiten. Bei manchen intensiven, über Wochen gehenden Experimentalgruppen für zwischenmenschliche Beziehungen oder Encountergruppen, die irgendwo in der Einsamkeit zusammenkommen, fehlt es an einer Fluchtmöglichkeit, und ich habe bei mehreren Gelegenheiten psychotische Reaktionen beobachtet, die daher rührten, daß ein Patient gezwungen war, in einer Gruppe zu bleiben, mit der er sich nicht vertrug.«

Von den Gästen

Was einer ist,
was einer war,
beim Scheiden
wird es offenbar.

Ruft er »Auf
Nimmerwiedersehn«,
dann laß ihn frohen
Herzens gehn.

Sagt er: »Lebt wohl,
so leid mir's tut«,
dann seid mal lieber
auf der Hut.

Tut er nur »Tschau, bis
dann dann« brommen,
dann wird das Arschloch
wiederkommen.

*(R. Gernhardt 1991,
S. 20)*

Noch einen Schritt konkreter

Fall 1: » Die Wegbleiber«

Bleiben Teilnehmer, ohne die Gruppe zu informieren, weg, dann ist es notwendig, daß dieses durch die Leitung zum Thema gemacht wird. Sinnvollerweise fragt man als Dozent/Dozentin zuerst die anwesenden Teilnehmer, ob sie evtl. von der abwesenden Person informiert wurden, daß diese heute (oder für immer) nicht mehr an den Veranstaltungen teilnehmen will. Liegen keine diesbezüglichen Informationen vor, ist es entlastend für die Beteiligten, die herrschenden Phantasien zum Thema zu machen: Warum ist die Person wohl nicht mehr wiedergekommen? Was findet diese evtl. unattraktiv an der Gruppe? Hiermit kann dann eine wichtige Überprüfung der Gruppe hinsichtlich ihrer attraktiven (und weniger attraktiven) Kräfte erfolgen. Die Gruppe – und dies ist die produktive Wendung – beschäftigt sich dann nicht mehr nur mit der Person, die nicht da ist, sondern mit sich selbst; und diese Diskussion nutzt der Gruppenentwicklung im Hinblick auf Offenheit und Arbeitsfähigkeit. Das Ergebnis einer solchen Problembearbeitung könnte dann z.B. in einer verbindlichen Regelung bestehen, daß jene, die beabsichtigen »auszusteigen«, vorher die Gruppe informieren, daß sie sich abmelden und ihre Gründe für ihren Schritt öffentlich deutlich machen. (Voraussetzung dafür ist jedoch, daß das Ausscheiden aus dem Gruppenprozeß eine legale Handlungsmöglichkeit ist).

Fall 2: »Der vorzeitige Abschied«

Klassenbucheintrag:

... fehlt in der 5. Stunde, weil er sich mit einer Freundin zum Sonnen verabredet hatte.

Kündigt ein Teilnehmer der Leitung an, daß er die Gruppe frühzeitig verlassen will, ist es sinnvoll, dies in der Gruppe zum Thema zu machen, damit alle Mitglieder die Gelegenheit haben, mit ihm darüber zu sprechen. Dabei sollte es nicht darum gehen (was leider häufig geschieht) denjenigen, der gehen will, zurückzuhalten, ihn von seinem Entschluß abzubringen. Es geht vielmehr darum, gegenseitig Abschied zu nehmen – das zu sagen, was man sich noch sagen möchte. In diesem Zusammenhang ist es wichtig, daß die Motive des Ausscheidens ebenso Thema werden wie die Reaktionen, die dieses Ausscheiden bei denjenigen auslöst, die bleiben.

Befindet man sich in der Teilnehmerrolle, sollte man sich an Kafka orientieren:

»Wenn man einmal jemandem den endgültigen Abschied anbietet, wie ich es getan hatte, und dies vom andern als ganz richtig bezeichnet wird, dann führt man doch das wenige noch gemeinsam zu Erledigende möglichst schnell zu Ende und bürdet dem anderen nicht zwecklos seine stumme Gegenwart auf.« (F. Kafka 1970, S. 264)

So hat man es früher gemacht:

Abschied der Beutlergesellen

Hatte ein Geselle bei seinem Meister gekündigt und wollte fortziehen, mußte er von seinem Arbeitgeber »einen höflichen Abschied« nehmen:

»Ich bedanke mich des Meisters seines guten Willens/den er mir erwiesen hat/kömmt er oder die Seinigen oder ein anderer ehrlicher Geselle heute oder morgen wieder zu mir/so will ich ihme wieder einen guten Willen beweisen/kan ichs nicht verbessern/so will ichs nicht verärgern. Wo meiner im Argen gedacht wird/so dencke er meiner im Besten/desselben gleichen will ich auch thun/und bedancke mich nochmahls für alles gutes.«

Hierauf antwortete der Meister ihm:

»Alles mit Gunst/es ist dir von mir nicht viel gutes wiederfahren/ich versehe mich auch nicht viel arges/nimm den guten Willen für die That; du siehest wohl/das Kloster ist arm/ und der Brüder seynd viel/und der Abt trincket auch gerne Wein und Bier. Ich wüntsche dir Glück zu Wege und Stege/ zu Wasser und zu Land/wo dich der liebe Gott hinsendt. Wo du hin kommst/grüsse mir Meister und Gesellen/wo das Handwerck ehrlich ist/wo es aber nicht ehrlich ist/so nimm Geld und Geldes werth/ hilff straffen und ehrlich machen/ daß ihnen der Beutel thut krachen/und dir und einem andern ehrlichen Gesellen das Hertz im Leibe thut lachen; wo man meiner im Argen gedencket/so dencke meiner im Besten/ desselben gleichen will ich auch thun.«

(R. Wissell 1985, S. 191/192, Original 1712)

Fall 3: »Die innere Kündigung«

Die betriebliche Weiterbildung erfolgt häufig während der Dienstzeit, und dann gilt: »Keiner geht vor Dienstschluß!«
Der Besuch von Seminaren, von Kursen oder Trainings ist dort in der Regel Teil des Dienstes. Nur sehr selten kommt es deshalb in solchen Veranstaltungen vor, daß jemand vorzeitig geht, oder am nächsten Tag nicht wieder erscheint. Viel häufiger ist hier die »innere Kündigung«. Es wird nicht mehr mitgemacht, die Zeit wird abgesessen und man geht währenddessen seinen Phantasien nach, oder – dies ist die beliebte Form des Widerstandes bei »höheren Vorgesetzten« – man holt seine Akten aus der Tasche und erledigt während der Weiterbildungsveranstaltung die Routinearbeit des Alltags.
Auch ein solcher Ausstieg ist ein Gruppenphänomen. Alle Teilnehmer/Teilnehmerinnen merken es und wenn die Leitung nicht reagiert, wird es zum »still genehmigten« Verhalten, das auch für andere Kursteilnehmer eine erlaubte alternative Handlungsweise darstellt. Unter diesem Gesichtspunkt ist es notwendig, daß der Trainer/die Trainerin offen diese Kündigung des Lehr-/Lernvertrages anspricht, um den dahinter stehenden Widerstand zu einem gemeinsam zu besprechenden Thema zu machen. So könnte der Widerstand eines einzelnen Gruppenmitgliedes evtl. zu einer fruchtbaren Diskussion über die produktive Veränderung des Lehr-/Lernkonzeptes führen. Oder – auch dies wäre für den Gruppen- und den Lernprozeß wichtig – in der Konfrontation zwischen Leitung und aussteigenden Teilnehmern kann das Veranstaltungskonzept klarer, die unterschiedlichen Interessen könnten deutlicher werden. Daran ließen sich die Erwartungen dann neu ausrichten. Gleichzeitig ist die Konfrontation in diesem Fall auch ein ganz wichtiges Verfahren (häufig das einzig mögliche), um »ausgestiegene Teilnehmer/Teilnehmerinnen« wieder in den Gruppenprozeß zu integrieren. Konfrontation ist nämlich auch ein Angebot. Sie drückt deutlich aus, daß der/die betreffende Teilnehmer/Teilnehmerin der Leitung wichtig ist, daß die Leitung Interesse am Engagement der Teilnehmer hat.

Ein halber Ausstieg

Fall 4: Die Leitung »kündigt« einem Gruppenmitglied

Falls die Gruppenleitung ein Gruppenmitglied bittet (bzw. auffordert), die Gruppe zu verlassen, dann muß sie mit einer starken affektiven Reaktion der übrigen Gruppenmitglieder rechnen. In einer solchen Situation werden tiefe archaische Schichten der Angst, die mit der Ausstoßung aus der Primärgruppe (Familie) zusammenhängen, reaktiviert: »Konrad sprach die Frau Mama, ich geh fort und du bleibst da«.[7] Historisch gesehen weckt dieses Verfahren Assoziationen zur schroffen Trennungsform der Acht (und des Bannes). Dabei wird (z.B. bei den Römern) eine Person von aller Gemeinschaft ausgestoßen. Man will, daß der Verstoßene sozial nicht mehr existiert.

Selbst wenn die übrigen Gruppenmitglieder der Meinung sind, daß die Gruppenleitung diesen Ausschluß berechtigterweise fordert, wirkt dieser bedrohlich. Daher ist es auch in einem solchen Falle notwendig ,mit den Gruppenmitgliedern über die Situation zu sprechen. So z.B., indem man nach erfolgtem Ausschluß die dagebliebenen Gruppenteilnehmer fragt, wie es ihnen damit geht, was es ihnen ausmacht, daß dieser Ausschluß geschehen ist. Unverzichtbar ist, daß die Leitung die Verantwortung für diese Aktion übernimmt und den Gruppenteilnehmern die Gründe für das entsprechende Handeln detailliert erläutert.

Die rechtliche Seite des Falles

Viele Leiter und Leiterinnen von Bildungsveranstaltungen verwehren sich ihren öfters auftretenden Wunsch, jemanden zum Verlassen der Gruppe aufzufordern, mit dem Argument, dies wäre rechtlich nicht zulässig. Dazu gibt es jetzt juristische Klarheit (so daß sich mancher Dozent und manche Dozentin wohl eine andere Argumentation zur Angstabwehr einfallen lassen muß).

Ein Rundschreiben des Nordrhein-Westfälischen und des Bayerischen Volkshochschulverbandes (Nr. 3/91) zeigt die rechtliche Seite (s. S. 26):

> **Klassenbucheintrag:**
> *... spannt plötzlich seinen Regenschirm auf und wird der Klasse verwiesen.*

---

7   Das Medium »Gruppe« fungiert, so das psychoanalytische Konzept, als Mutter-Imago, die Leitung der Gruppe als Vater-Imago. Für Interessenten dieses Aspektes ein Literaturhinweis: Schindler W. (1951).

Ausschluß von Teilnehmern bei Volkshochschul-Veranstaltungen

Es kommt gelegentlich vor, daß Teilnehmer von Volkshochschulkursen oder -veranstaltungen wegen ihres Verhaltens von Dozenten aus der Veranstaltung ausgeschlossen werden. Soweit ersichtlich, hat sich nunmehr das Bundesverwaltungsgericht zum ersten Mal mit einem derartigen Fall befaßt (BVerwG NJW 1990, S. 2575). Die Entscheidung gibt Veranlassung zu einer grundsätzlichen Erörterung der bei solchen Teilnehmerausschlüssen auftauchenden Rechtsfragen.

In dem erwähnten Fall handelte es sich beim Kläger um einen Teilnehmer eines Rhetorikkurses einer städtischen Volkshochschule. Der Kurs hatte den Titel »Miteinander reden, diskutieren und argumentieren«. Am 2. Tag des sechstägigen Seminars brach der Kursleiter den Kurs wegen des Verhaltens des Klägers am ursprünglichen Veranstaltungsort ab und schloß den Kläger von jeder weiteren Teilnahme aus. Der Kursus wurde zunächst in einer Privatwohnung, am nächsten Tag wieder am ursprünglichen Veranstaltungsort, fortgesetzt.

Die Volkshochschule begründete den Ausschluß damit, daß der Lernerfolg des Kurses durch das Verhalten des Klägers gefährdet gewesen sei. Er habe sich z.B. geweigert, an den praktischen Übungen teilzunehmen und sich mit Vornamen ansprechen zu lassen. Außerdem habe er entgegen dem erklärten Wunsch der Mehrheit der übrigen Teilnehmer darauf beharrt, während des Unterrichts ständig Notizen allgemeiner Art und über die Äußerungen der Mitteilnehmer zu machen. Hierdurch hätten sich die übrigen Kursteilnehmer derart gestört und gehemmt gefühlt, daß eine weitere erfolgreiche Durchführung des Rhetorikkurses nicht mehr möglich gewesen sei. Vorangegangen war eine schriftliche Stellungnahme der Kursteilnehmer, die sich kritisch mit dem Verhalten des Klägers auseinandersetzten.

Nachdem der Leiter der Volkshochschule in schriftlicher Form den Ausschluß – bei ausdrücklicher Ankündigung der Rücküberweisung der Kursgebühr – bestätigte, erhob der ausgeschlossene Kursteilnehmer Widerspruch und Klage. Zur Begründung führte er an, er habe sich sehr wohl aktiv und konstruktiv am Unterricht der Volkshochschule beteiligt. Darüber hinaus gehöre es zu seinem unabdingbaren Persönlichkeitsrecht, während eines Kurses alles mitschreiben zu dürfen. Schließlich sei sein Antrag, das Duzen zu unterlassen, im Kurs ohne Begründung abgelehnt worden, was einen unzulässigen Eingriff in seine Persönlichkeitsrechte darstelle.

Die Klage gegen den Ausschluß aus dem Rhetorikkurs wurde in allen Verwaltungsgerichtsinstanzen mit Recht abgewiesen .

(Vgl. OVG Lüneburg, Urteil vom 07.11.1989 – 10 L 54/89)

Fall 5: »Kommen und Gehen«

Das Problem des Abbruches ist dort kein Problem, wo von Anfang an, als Konzept, der permanente Einstieg und Ausstieg zum Prinzip gemacht wird. Solche Gruppen (wenn man überhaupt dabei von Gruppen sprechen kann) funktionieren wie der öffentliche Nahverkehr. Jeder/jede steigt ein und aus wo er/sie möchte, und jeder/jede entscheidet souverän, wie weit er/sie »mitfahren« will. Man muß nur aufpassen, daß man nicht beim »Schwarzfahren« erwischt wird. Hier sind Trennungen kein besonderes Ereignis, nicht zuletzt deshalb, weil Bindungen nicht zustandegekommen sind.
Denn die Vorbedingung für Trennungsarbeit ist, daß etwas Besonderes, etwas Eigenes entstanden ist, von dem ich Abschied nehmen muß, so z.B. von der Produktivität des gewachsenen Gruppenvermögens. Die Intensität des Zusammenwachsens entspricht dem psychosozialen Aufwand bei der Trennungsarbeit. Dem beliebigen, unverbindlichen Kommen entspricht das sang- und klanglose Gehen. »Spielt nur weiter; ich bin gleich wieder da.« Man kennt dies ja auch aus Kindertagen.

Fall 6: »Franz Kafkas Empfehlungen«

Einmal an einem Winternachmittag nach verschiedenen geschäftlichen Ärgernissen erschien mir mein Geschäft – jeder Kaufmann kennt solche Zeiten – so widerwärtig, daß ich beschloß, für heute sofort Geschäftsschluß zu machen, trotzdem es noch bei hellem Winterlicht und früh bei Tage war. Solche Entschlüsse des freien Willens haben immer gute Folgen ...
(F. Kafka 1983, S. 104)

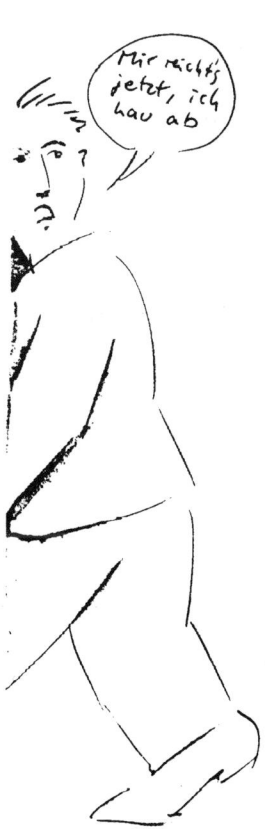

27

Das plötzliche Ende: »Ein Beispiel, das Schule gemacht hat«

Im folgenden Beispiel (Ch. Büttner/H.G. Trescher: Chancen der Gruppe, Mainz 1987, S. 156–158) möchte ich Konfliktpotentiale institutionalisierter Trennungserfahrungen vorstellen. Es handelt sich um eine Schulklasse, in der zunächst zwei Lehrerinnen unterrichten, was im Konfliktverlauf dazu führt, daß die Klasse ihre ›negative‹, ›verhaltensgestörte‹ Seite in der Beziehung zur einen und ihre ›positive‹, ›liebenswürdige‹ Seite in der Beziehung zur anderen Lehrerin agiert.

Die Situation

Die Kinder sind zwischen elf und dreizehn Jahre alt, im fünften Schuljahr einer Sonderschule. In der Klasse unterrichtet eine Referendarin seit etwa zwei Monaten mit ihrer Praxisanleiterin, der Klassenlehrerin. Bislang haben weder die Klassenlehrerin noch die Referendarin übermäßige Probleme im Umgang mit der Klasse gehabt, vielmehr empfinden es beide als fruchtbar, zusammen zu unterrichten, sich in ihrem Lehrerverhalten korrigieren und in der Unterrichtsvorbereitung ergänzen zu können. Nun erfahren die Schüler, daß die bisherige Referendarin in sechs Wochen alleinige Klassenlehrerin werden und die bisherige Klassenlehrerin eine andere Klasse übernehmen wird. Daraufhin ändert sich die Beziehung der Klasse zu den beiden Lehrerinnen schlagartig. Zunehmend gestaltet sich nun der Unterricht der Referendarin schwieriger, sie hat erhebliche Autoritäts- und Disziplinprobleme mit den Kindern, die Arbeit in der Klasse verläuft unbefriedigend für alle Beteiligten. Je mehr sie sich bemüht, durch intensive Vorbereitung den Unterricht farbig und interessant zu gestalten, desto mehr scheinen die Schüler ihre Bemühungen zu sabotieren.

Obwohl eigentlich zu erwarten gewesen wäre, daß die Schüler auf die Lehrerin böse sind, die sie verlassen wird, zeigt sich merkwürdigerweise bei dieser eine gegenteilige Situation. Ihr Unterricht verläuft in entspannter und anregender Atmosphäre und die Schüler arbeiten mit. Die Arbeit in der Klasse gestaltet sich so, wie sie es sich eigentlich schon immer gewünscht hatte.

Ihre Beziehung zur Klasse hat sich also geradezu entgegengesetzt zu derjenigen der Referendarin entwickelt. Entsprechend ist deren psychische Verfassung. Die Referendarin spricht resigniert vom »Praxisschock«, zweifelt an ihrer Befähigung zum Lehrerberuf, fühlt sich hilflos, ohnmächtig und oft wehrlos, sobald sie nur an die Schule denkt. Der sichtbar große Erfolg ihrer Praxisanleiterin und ihr eigener

Mißerfolg in der gleichen Klasse erschüttern nachhaltig ihr Vertrauen in die eigene pädagogische Leistungsfähigkeit und Kompetenz.

Trotz ihrer vielfachen Bemühungen hält die gestörte Interaktion zwischen ihr und der Klasse über Wochen an. Der Unterricht verläuft oft chaotisch, obwohl sie sich zusammen mit ihrer Praxisanleiterin fundiert vorbereitet und sich auch nicht scheut, Ge- und Verbote zu setzen und durchzusetzen, indem sie etwa einzelne Kinder Versäumtes nacharbeiten läßt oder sie kurzzeitig aus der Klasse entfernt. Sie selbst glaubt, nur noch eine Alternative zu haben. Entweder sie verläßt die Klasse, bittet den Rektor um Versetzung und gesteht damit ihre Unfähigkeit ein, oder sie versucht zu drakonischen Dressurmethoden zu greifen und unterstreicht damit aber ebenfalls ihr Unvermögen, mit der Klasse auf pädagogisch sinnvolle Weise fertig zu werden. Mit dem Satz: »Entweder ich gehe kaputt, oder ich mache die Kinder kaputt!« beschreibt sie ihre Situation.

Was ist geschehen?

Was das Beispiel, wie ich glaube, recht deutlich werden läßt, ist, daß pädagogische Probleme in der Regel dann auftreten, wenn bestimmte Ereignisse unbearbeitete oder noch nicht zureichend bewältigte schmerzhafte Erfahrungen wiederbeleben. Im beschriebenen Fall handelt es sich offensichtlich um das konfliktreiche Thema Trennung und Verlassenwerden, für dessen Mobilisierung wir die Ankündigung des Lehrerwechsels als szenischen Auslösereiz verstehen können. Die Klasse 'einigt' sich nun unbewußt auf die Grundeinstellung Kampf-Flucht, um mit dem Gefühl bedrohter Sicherheit fertig zu werden. Gleichzeitig kommt aber auch die Abhängigkeitsphantasie: »Wir können nur existieren, wenn wir bei der 'alten' Lehrerin bleiben!« alternierend zum Tragen. Beide gruppenspezifischen Beziehungsabläufe haben nichts mit dem einfachen, institutionell formulierten Arbeitsziel zu tun, daß in der Klasse gelernt werden soll, und zwar gleichgültig bei welchem Lehrer. Die Ankündigung der bevorstehenden Trennung, des Verlassenwerdens durch die 'alte' Lehrerin führt zur Aktualisierung früherer Trennungserfahrungen und der sie begleitenden Gefühle der Angst, Hilflosigkeit und Wut. Das Wohlverhalten der 'alten' Lehrerin gegenüber entspricht dem Wunsch, die bevorstehende Trennung zu verleugnen, d.h. sie zum Bleiben in der Klasse zu verführen und die neue Lehrerin zu vertreiben. Augenscheinlich trägt die Klasse Angst und Wut nur mit der Referendarin aus und hält so die Beziehung zur Klassenlehrerin konfliktfrei. Damit ersparen sich die Kinder die notwendige Trauer um den bevorstehenden Objektverlust, aber auch die Konfrontation mit

Gefühlen der Ohnmacht und Wertlosigkeit, die aus der Mißachtung ihrer Wünsche entstehen.

Was tun in einem solchen Fall?

Bereits über 130 Jahre vor Veröffentlichung dieser Beschreibung kann man im »Lehrbuch der Erziehung« (herausgegeben von W.J.G. Curtmann, 6. Auflage, Leipzig/Heidelberg 1855), auf den Seiten 181/182 lesen, was in einem solchen Fall zu tun ist:

Doch auch den Lehrern liegt es ob, nicht aus bloßer Neuerungssucht oder Ehrgeiz eine Trennung von ihren Schülern herbeizuführen, und dann, wenn Dies gleichwohl erfolgt, durch kluge Behandlung den Nachtheil auf sein Minimum zu beschränken. Die Klasse, welche er verläßt, führe der Lehrer, soweit es immer möglich ist, zu einem gewissen Abschlusse hin. Sei auch das Maaß der Kenntnisse gering, so sei es wenigstens fest begränzt, und die Gränze den Schülern selbst im Bewußtsein. Dann ist es dem Nachfolger möglich, anzuknüpfen und das Vorhandene zu benutzen. Der Vorgänger sei billig gegen den Nachfolger, wie Dieser gegen Jenen. Der Erstere bereite dem Zweiten den Weg, er denke an das Wohl der Schüler, nicht an diese oder jene persönliche Rücksicht. Der Nachfolger aber achte das Werk seines Vorgängers. Sollte er auch Unvollkommenheiten entdecken — und diese sind oft genug blos scheinbar — so rede er davon nicht, und erhebe sich nicht über Jenen. Er suche sich vielmehr zu orientiren, er examinire, bis er den wahren Stand der Sache kennt, er trete gegen die Schüler mild und freundlich auf, werde selbst da nicht ängstlich, wo er Versuche gegen seine neue Autorität entstehen sieht. Ist er fest genug, um nicht wirkliche Schwäche zu zeigen, so wird sich Dies bald geben.

Trennung

Zur Soziodynamik von Schlußsituationen

Die Auflösung
der Zusammengehörigkeit

Zusammengehörigkeit (Wir-Gefühl) ist das tragende Prinzip von Gruppen. Wenn man Systeme, die durch Zusammengehörigkeit gekennzeichnet sind, auflöst, muß man wissen, was das ist, was da aufgelöst wird, und man muß wissen, was da alles bereits »gelaufen« ist. Nur so lassen sich die Reichweiten des beabsichtigten Handelns realistisch abschätzen.

Weil die Kraft einer Beziehung erst im Bruch zu ihrer größten Wirkung kommt, nun einiges zu dem, was Zusammengehörigkeit ausmacht. In Anlehnung an H. Tyrell (1983) versuche ich, dies in sechs Aspekten zu beschreiben:

1. »*Zusammengehörigkeit bezieht sich auf einen* bestimmten, *unverwechselbaren Kreis von Personen; zusammengehörig wissen und fühlen sich miteinander dieser und dieser und dieser ... jeweils besondere Mensch; das darauf Bezug nehmende Personalpronomen ›wir‹ wird in Anspruch genommen für die Gruppe in dieser ihrer besonderen, benennbaren und keineswegs beliebig wechselbaren personellen Besetzung.*«
Wer zur Lehr-/Lerngruppe gehört, ist nach festliegenden Kriterien, die bei Beginn von Veranstaltungen bzw. in deren Verlauf entwickelt werden, bestimmt: z.B. wer sich angemeldet hat, wer bezahlt hat, wer lernwillig ist, wer nicht während des Kurses raucht, usw. Namentlich sind diese Personen bekannt; Max, Astrid, Oliver, Elke, Frank-Michael, Roslinda usw. machen diese bestimmte (besondere) Gruppe aus. Es sind diejenigen, die auf der Teilnehmerliste stehen.

2. »*Zusammengehörigkeit besagt sodann, daß diese besonderen Menschen zueinander in einem* besonderen *Verhältnis stehen, das sie nur miteinander, nicht aber mit Dritten haben. Der Sinn ist hier: Grenzziehung zur Umwelt derer, die nicht dazugehören. Wo bestimmte Menschen sich als Gruppe fühlen, machen sie für ihr Verhältnis untereinander, wie artikuliert auch immer, einen partikularistischen Sonderstatus geltend, von dem sie den ›Rest der Welt‹ – nicht unbedingt definitiv – einstweilen ausschließen; es mag ›aus der Umwelt‹ noch dieser oder jener dazustoßen, aber, wenn er ›zu uns gehört‹, teilt er ›unsere Exklusivität‹ gegenüber allen Außenstehenden.*«

Die Teilnehmer der Lehr-/Lerngruppe entwickeln (bzw. haben als Vorgabe) eine Gemeinsamkeit, die sie gegenüber anderen Personen (die sich z.B ebenso in der Bildungsinstitution aufhalten und mit denen man in der Pause zusammentrifft) als besondere ausweist (»das sind die vom Englisch-Fortgeschrittenen-Kurs«).

3. *»Wo ein bestimmter Kreis von Menschen ›zusammengehörig‹ ist, ist damit gemeint: dies sind – dem Anspruch nach – alle mit allen.*
    Wer dazugehört, gehört mit allen anderen, die auch dazugehören, gleichermaßen zusammen. Deutlich grenzt dies die ›zusammengehörige Gruppe‹ gegen lockere Netzwerke etwa von Bekannten, Freunden usw. ab.«
    Es gibt in Gruppenprozessen gemeinsame Erfahrungen, die alle teilen. Normen, Verhaltensweisen, Regeln usw. existieren nur in dieser bestimmten Gruppe. Zusammengehörigkeit besteht dann im Einhalten von Verbindlichkeiten, die für alle gelten. Z.B. gilt für alle, daß sie pünktlich da sein sollen, Abweichungen müssen legitimiert werden.

4. *»Der* zeitliche *Sinn von ›Zusammengehörigkeit‹ akzentuiert* Bestand, Dauer; *es ist damit notwendig mehr gemeint als bloß ein einmaliges punktuelles Zusammensein; in singulärer Interaktion kann sich Zusammengehörigkeit, so sehr sie dort auch gefühlt werden mag, nicht erschöpfen.«*
    Z.B. muß man Regeln aufstellen können, und man muß sich auf deren Einhaltung verlassen können. Wichtig ist für das Zusammengehörigkeitsgefühl in Lehr-/Lernprozessen u.a. ein regelmäßiger zeitlicher Rhythmus (z.B. von März bis Juni, Kurs an jedem Donnerstag von 18.00–20.00 Uhr).

5. *»Andererseits aber verweist, ›drängt‹ Zusammengehörigkeit aufs Unmittelbarste, auf* Interaktion, *aufs Zusammenkommen und Zusammensein unter den Zusammengehörigen – und erst vor diesem Hintergrund wird die Trennung überhaupt zum Problem. Wo man zusammengehört, ist es das Selbstverständlichste, daß man die Gesellschaft der Brüder, der Freunde, der Genossen usw. sucht. Zusammenzugehören, aber am Kontakt miteinander desinteressiert zu sein, wäre ganz unnatürlich.«.*
    Das heißt, daß z.B. viele schweigende Personen in der Lerngruppe das Zusammengehörigkeitsgefühl stören. Man erwartet in Lehr-/Lernprozessen aktive Teilnahme aller Beteiligten. Beobachter, Zuschauer stören.

6. *»Die Kehrseite davon ist, daß – um der Zusammengehörigkeit willen – Abwesenheit auffällt. Ist die Gruppe (nicht vollständig) beisammen, so wird das Nichtdasein, das Fehlen eines Dazugehörigen zwangsläufig registriert. Und daß in diesem Sinne jemandes Abwesenheit explizit wird, kann geradezu als Indikator für seine Zugehörigkeit gelten.«*

Das Ende von St. Petersburg

Abwesenheit wird zum Gegenstand der Beschäftigung. Z.B. wird über Kursabbrecher (durch Wegbleiben) gewöhnlich zwar nicht geredet, und doch fällt dies allen auf, und alle Gruppenmitglieder haben ihre Phantasien über die möglichen Gründe; manche (z.B. Dozenten/Dozentinnen) auch Schuldgefühle (die sie aber meist schnell wegdrängen).

Das Ende zwingt die Teilnehmer, die Gruppe zu nutzen

Wer sich entschließt (oder wer dazu »entschlossen wird«) in eine Gruppe zu gehen, der oder die ist unweigerlich mit der existentiellen Problematik konfrontiert: »Wie wird dies alles enden?« Das erste Treffen ist bereits der erste Akt der Trennung.
Aber der Abschluß eines gruppenbezogenen Lehr-/Lernprozesses ist nicht nur ein individuelles Problem. Das macht nicht zuletzt der Sachverhalt deutlich, daß wir in einer Gesellschaft leben, die einklagbare Rechte auf Trennungsgeld zusichert, die eine Trennungsgeldverordnung (TGV) kennt. Enden, Beenden ist ein *sozialer*

Prozeß. Menschen, die zusammengekommen sind (oder zusammengerufen wurden), um sich gemeinsam etwas zu vermitteln und anzueignen tendieren dazu, eine Ordnung für ihr zeitlich beschränktes Zusammenleben/Zusammenarbeiten zu entwickeln und festzuschreiben. Eine solche Ordnung (Gruppenregeln) bietet Schutz, Verläßlichkeit und Sicherheit. Die Entwicklung dieser (symbolischen) Ordnung ist ein langer, häufig intensiv erlebter und konflikthafter Prozeß der Auseinandersetzung zwischen den Gruppenmitgliedern, insbesondere aber zwischen der Gruppenleitung (Lehrende) und den Teilnehmern (Lernende). Hierdurch wird das Subjekt zum Gruppensubjekt, individuelles Verhalten wird zum soziodynamisch wirkungsvollen Interaktionsverhalten[8]. Es entstehen und entwickeln sich *Beziehungen.* Die individuellen und die kollektiven Leistungen, z.B. die Lernintensitäten, sind von den Beziehungsqualitäten, die in der inszenierten Gemeinschaft »Gruppe« möglich sind (und waren) abhängig. Stabile Beziehungskonstellationen, bei denen ein hoher Grad an gegenseitiger Akzeptanz und Sympathie möglich ist und auch gelebt wird, führen zu einer hohen Arbeits- und Leistungsfähigkeit von Gruppen und deren Mitgliedern. Diese produktive emotionale Verdichtung macht die Attraktivität von Lehr-/Lernprozessen aus: »Man geht gerne zum Kurs«; »man freut sich auf die Veranstaltung«;»es tut einem leid, wenn das Seminar ausfällt« usw. Solche Aussagen sind Symptome für das Erleben der Zugehörigkeit und der Zusammengehörigkeit von Teilnehmern an Lehr-/Lernprozessen. Es entwickelt sich Vertrautheit, ein Wir-Gefühl, ein Vermögen an gruppenspezifischen Gemeinsamkeiten. Dieser Idealvorstellung entspricht leider die Realität nicht immer. Die einen suchen die Ursachen für die Abweichung, andere betreiben die Flucht aus der unbefriedigenden Lehr-/Lernsituation durch Abbruch (beliebt bei Teilnehmer/Teilnehmerinnen) oder durch den raschen Beginn eines neuen Lehr-/Lernprozesses (beliebt bei Dozenten/Dozentinnen).
Der Beginn eines Gruppenprozesses ist gekennzeichnet durch Aktivitäten (mehr oder weniger offen, mehr oder weniger bewußt), um Beziehungen herzustellen. Als »Annäherungsarbeit« habe ich diese Dynamik im Buch »Anfangssituationen« beschrieben. Die Rückseite dieser Annäherungsarbeit, und das ist Thema dieses Buches, ist »Trennungs- bzw. Distanzierungsarbeit«. Es geht um die Auflösung gewachsener Gemeinsamkeiten.

---

8   Was Interaktion ist, das hat Luhmann (1981, S. 81) in der von ihm kultivierten formalen Perspektive folgendermaßen präzisiert:
»Als Interaktion soll dasjenige Sozialsystem bezeichnet sein, das sich zwangsläufig bildet, wenn immer Personen einander begegnen, das heißt wahrnehmen, daß sie einander wahrnehmen, und dadurch genötigt sind, ihr Handeln in Rücksicht aufeinander zu wählen.«

Je nachdem, wie die Gruppenmitglieder (Lehrende und Lernende) durch die Beziehungen in Anspruch genommen werden, wieweit sie sich auf Beziehungen eingelassen haben, um so mehr Energie muß für die Trennung der Gruppe aufgewendet werden. Der Prozeß der Annäherung, der sich z.B. im Offenheits- und Vertrautheitsniveau der Kommunikation ausdrückt, muß zum Abschluß der Kollektivdynamik wieder reduziert werden. »Annäherung« ist das Problem des Kursanfangs, »Entfernung«, »Distanzierung« das des Schlusses von Lehr-/Lernprozessen.

Vielfach merken die Gruppenmitglieder erst am Ende eines gemeinsamen Prozesses (oder dann, wenn das Ende droht) wieviel Energie sie über Beziehungsarbeit und die Entwicklung von Beziehungsintensität in den Gruppenprozeß eingebracht haben. Wie so häufig im Leben, spürt man auch in diesem Fall Gewinn und Erfolg durch den drohenden oder bereits erlebten Verlust. Die emotionalen Bindungen zwischen den Beteiligten, dieses sehr komplizierte Geflecht von Miteinander, Zueinander und Gegeneinander, steht vor der Auflösung. Die Gruppe taucht in einen instabilen Zustand ein, d.h. in eine Phase der Ungewißheit, des Orientierungsverlustes, der Unbestimmtheit. Es ist das bedrohliche Gefühl der auf einen zukommenden Einsamkeit, von Gruppenlosigkeit, Nicht-Geborgenheit und Leere, das *alle* Gruppenteilnehmer gleichermaßen (aber nicht notwendigerweise gleich intensiv) trifft. Es handelt sich dabei um eine affektive Kollektivdynamik. Die *gemeinsame* emotionale Betroffenheit ist es, um die es bei Abschluß von Gruppen geht. Das Ende ist letztlich die bestimmte Form einer sozialen Beziehung.

Trennung, Auflösung ist die Handlungseinheit, das alle Beteiligten gleichermaßen betreffende Thema in Schlußsituationen von Lehr-/Lerngruppen. Es gibt, das hat M. Pagés überzeugend herausgearbeitet, nicht nur eine Affektivität *in* der Gruppe, sondern eine Affektivität *der* Gruppe. »In jeder Gruppe existiert zu jedem Zeitpunkt ein vorherrschendes Gefühl, das von allen Mitgliedern der Gruppe mit individuellen Nuancen geteilt wird. Dieses zumeist unbewußte Gefühl beherrscht das Leben der Gruppe auf allen Ebenen.« (M. Pagés 1974, S. 81)[9]

Es existiert etwas Gemeinsames von Lehrern/Lehrerinnen und Schülern/Schülerinnen, Dozenten/Dozentinnen und Teilnehmern/Teilnehmerinnen. Nochmals: Es gibt eine Affektivität *der Gruppe*, nicht nur eine zwischen den Gruppenmitgliedern. Pagés verdeutlichte diese Sichtweise durch ein witziges Rätsel (das im Französischen ein zusätzliches Wortspiel beinhaltet): »Mehrere Militärs verschiedener

---

9 Wer die anspruchsvolle Attitüde liebt, könnte hier von einer »suprapersonellen Perspektive« sprechen.

Ränge sind im selben Zimmer versammelt und schweigen. Wer ist der Ranghöchste? – Das Schweigen, denn es herrscht im Raum (französisch: le silence est général).«

Auf unser Thema »Ende von Lehr-/Lernprozessen« angewendet, heißt die affektive Gruppenbindung: Trennung, Angst vor Trennung, Auflösung, Ende der Vertrautheit. Alle Interaktionen in der Schlußphase von gruppenbezogenen Veranstaltungen sind von dieser Affektivität gefärbt. Diese Gemeinsamkeit entwickelt eine spürbare und sichtbare Solidarität, u.a. in der Abwehr des drohenden Endes, der belastenden Trennung. Die Gruppenstimmung, die *alle* teilen, resultiert aus der Gemeinsamkeit, bald nichts mehr gemeinsam zu haben (außer den Erinnerungen). Der Tod der Gruppe trennt nicht nur, er verbindet auch die sich Trennenden. Dieser Gemeinsamkeit kann sich kein Gruppenmitglied entziehen – auch wenn dies z.B. durch Flucht, Abbruch oder Ignorieren des Schlusses immer wieder versucht wird. Die einzelnen Teilnehmer (auch die Dozenten/Dozentinnen) haben in solchen Situationen nicht viel mehr Freiheit als ein Zug gegenüber einem Fahrplan: Am Ende der Fahrt heißt es eben überall: »Endstation, bitte alle aussteigen.« Der Schluß ist eine gemeinsame Szene, auf die die einzelnen zwar unterschiedlich reagieren, aber ihre unterschiedliche Reaktion ist durch das gemeinsame Szenario bestimmt.

Alle steigen an der Endstation aus (der gemeinsame Ausstieg ist das Szenario), die einen fröhlich (»endlich geschafft«), die anderen traurig (»was, so schnell schon zu Ende«), die einen glücklich (»schön war's«), die anderen aggressiv (»und, was hat's uns gebracht?«), die einen laut, die anderen stumm.

Man kann sich das am Phänomen des »Milieuwechsels« noch mehr verdeutlichen; wobei es sich unter dem Aspekt der Auflösung einer Gruppe um eine Analogie zum Sterben bzw. zum (häufig gewaltsamen) Zerstören eines Lebensraumes handelt und nicht ums Verlassen eines weiterbestehenden Milieus durch eines seiner Mitglieder. Man wird solidarisch, man vereinigt sich, um das Bedrohliche, die Zerstörung einer gewohnten und geliebten Umwelt zu verhindern. Alle beschäftigen sich damit (auch wenn sie es lieber nicht täten). Die Verteidigung des Etablierten, des Gewohnten, die öffentliche Demonstration der Bindungen an den gefährdeten Lebensraum, alles das sind Aktivitäten, die in Gang gesetzt werden. Vieles wird emotional übersetzt und die Möglichkeiten, die das Neue gewährt, werden häufig übersehen bzw. tabuisiert, da sie die Solidarität der Beteiligten in ihrer Verteidigung des Alten gefährden. Einen Lebensraum, den man mit geschaffen hat, verläßt man nicht gleichgültig. Man ist betroffen. Und diese Betroffenheit hat man gemeinsam.

Das gilt auch für den üblichen Fall in der Bildungsarbeit, bei dem das Ende der

Gemeinsamkeit (das Ende des Lehr-/Lernprozesses) bereits zu Beginn festliegt. Das Wissen um die Begrenztheit hat jedoch nur beschränkten Einfluß auf die Affekte der Gruppenmitglieder. Trennung, Auflösung ist kein nur rational bewältigbarer Vorgang. Gültigkeit hat dies auch für Auflösungen, die allseits willkommen sind und mehrheitlich begrüßt werden. (Ich meine u.a. das Ende der »Großgruppe« DDR, wo die gewonnene kapitalistische Rationalität sicherlich kein dauerhaft funktionierendes Kompensat für die unbewältigten Betroffenheiten durch den Milieuverlust darstellt. Die deutsche Geschichte ist reich an unerledigten Situationen – leider.)

Die Extremsituation »Gruppenende« mobilisiert in unterschiedlichem Maße affektive Betroffenheit. Wie bereits deutlich gemacht, ist die Trennungsarbeit dort besonders belastend und anstrengend, wo langfristig gruppendynamisch intensiv und sehr subjektorientiert gearbeitet wurde. Dort, wo viel entwickelt und eingebracht wurde, muß auch viel verlassen werden.

In weniger vertiefter Art und Weise verläuft die Schlußphase in kurzfristigen, in stark themenzentrierten und in größeren Gruppen. Bei einmaligen Veranstaltungen von kurzer Dauer, bei Großgruppenveranstaltungen und bei Vorträgen treten zwar auch Trennungsdynamiken auf, sie sind aber bei weitem nicht so emotional belastend, und sie absorbieren auch nicht soviel soziale und psychische Energie, wie z.B. Kurse von längerer Dauer, Seminare mit wenigen Teilnehmern und Trainings mit intensiver Teilnehmerbeteiligung.

Wie sieht die Kollektivdynamik, von der bisher immer wieder geschrieben wurde, am Abschluß von Gruppenprozessen aus?

Auf dem Zaun: Zwischen sozialer Geborgenheit und interaktiver Obdachlosigkeit

Die Situation

Daß Schluß ist, das spüre ich beim Aufstehen am letzten Seminartag. Es ist spät geworden am Abend vorher. Ich war der erste, der ging. Das Aufstehen fällt schwer. Der Kopf ist dumpf, wie bei Smogvorwarnstufe II. Die körperliche An-

spannung der letzten Vormittage fehlt. Die Neugier auf das, was kommen wird, ist nicht mehr da.

Ich schleppe mich ins Bad. Die kühle Dusche bringt etwas Leben in meinen Körper – aber eben nur etwas. Ich komme später zum Frühstück als an den Tagen vorher; und dies nicht nur deshalb, weil ich vorher meine »Sachen« in die Reisetasche gepackt habe. »Das Hauspersonal bittet, die Zimmer sogleich nach dem Frühstück zu räumen.«: Die letzte Einheit auf dem Koffer. Ich lasse das Gepäck im Zimmer, allzuviel Aufbruchstimmung will ich nicht verbreiten – der erste didaktisch motivierte Gedanke an diesem Tag. Meine Rolle als Seminarleiter hat mich wieder.

Am Abreisetag Zimmer BITTE bis 9.00 Uhr räumen !

Im Frühstücksraum suche ich mir einen »leeren« Tisch. Lustlos treffe ich am Büfett meine Entscheidungen: nur das Nötigste, keine »Extras«, eine Semmel, etwas Butter und irgendeine abgepackte Marmelade. Weniger Auswahl, dafür aber bedient zu werden, das wäre mir an diesem Morgen lieber. Ich grüße, mehr Pflicht als Wunsch, zwei Kursteilnehmer, die sich inzwischen an »meinen« Tisch gesetzt haben. Deren Antwort klingt ebenso nach lästiger Pflichterfüllung. Jeder will in Gesellschaft, aber alleine sein, jeder will seine Ruhe haben. Meine Lustlosigkeit steigert sich, als ich daran denke, daß es meine Aufgabe ist, den letzten Halbtag des Seminars verantwortlich zu gestalten.

Auf Umwegen und später als vereinbart, betrete ich den Seminarraum. Nur die Hälfte der Teilnehmer ist bereits da, kaum jemand sitzt. In Zweier- und Dreiergruppen stehen die Anwesenden herum und unterhalten sich. Zwei Teilnehmer schauen schweigend zum Fenster hinaus. Untermalt wird das Ganze von jener gräßlichen Hausmusik, die der Staubsauger im bereits verlassenen Seminarraum darüber produziert. Für das Personal, das spürt man, stören wir jetzt nur noch. Ich setze mich auf einen der in Kreisform stehenden Stühle und warte ab. Mit erheblicher Verspätung, aber ohne die üblichen Entschuldigungsgesten, kommen die übrigen Teilnehmer. Es paßt mir, daß sich der Anfang des letzten Seminartages so hinauszögert. Aber ich muß etwas tun, das Pflichtbewußtsein siegt über meine Neigungen – wieder einmal. Hoffentlich ist auch damit bald Schluß.

Schlußsituationen sind (in den meisten Fällen) bedrohlich, schwierig, manchmal schmerzhaft. *»Wie schön die Komödie im übrigen auch sein mag, im letzten Akt fließt immer Blut«* – sagte Pascal. Die »bleierne« Stimmung, die »Müdigkeit« der Beteiligten ist u.a. Ausdruck der Schwierigkeit im sozialen Zusammenhang offen mit den vorhandenen Ängsten, Befürchtungen und Unsicherheiten umzugehen. Es ist für alle eine paradoxe Situation: Die Gruppe geht zu Ende und gerade jetzt bräuchte man diese Gruppe, um offen mit den Unsicherheiten und Befürchtungen zu arbeiten. Würde man diese direkt äußern, intensivierte man genau jenen Gruppenzusammenhalt, der vor der Auflösung steht. Auf eine ökonomische Perspektive reduziert: Niemand (es sei denn, man erlebt seine Befriedigung in der Verschwendung) investiert in die Verschönerung eines Hauses, dessen Abriß für die nächste Woche angekündigt ist. Man lebt in einer solchen Situation immer mit dem Wissen um den Abriß, und genau dieses Wissen bestimmt das Verhalten der Bewohner eines solchen Abrißhauses. Dies gilt auch (und gerade) für den Sachverhalt, daß der Abriß kein Thema ist, daß nicht über ihn gesprochen wird.

Die Bewältigung von Betroffenheiten und Schwierigkeiten ist dort nicht (oder kaum) möglich, wo die sozialen Bedingungen für diese Bewältigung nicht gegeben sind. Und dieses Fehlen der sozialen Bedingungen für die Bewältigung von Schwierigkeiten produziert wiederum Schwierigkeiten. Man steht also vor dem Dilemma, eine Beziehungssituation zu intensivieren und sie gleichzeitig in ihrer Intensität abzubauen.

M. Pagés (1974, S. 123/124) beschreibt diese »verknotete« Situation und den Umgang mit ihr:

»Die Trennungsangst wird jedoch zumeist konflikthaft erlebt. Sie kann nicht bewußt empfunden werden, denn das setzte voraus, daß man sich einem nahezu unerträglichen Schmerz auslieferte. Sie kann auch nicht völlig abgewehrt werden, denn nur durch sie ist man mit den anderen und mit sich selbst verbunden. Sie wird ambivalent in einem Doppelschritt des Ausdrückens und Verlangens. Sie kommt indirekt in verschiedenen Formen des Fühlens und Handelns zum Ausdruck, die ebenso viele Möglichkeiten sind, sie abzuwehren. Zum Teil sind es illusionistische Abwehrmechanismen, denn sie beruhen auf einer partiellen Verleugnung der Realität. Die Gruppenmitglieder sind in diesem Konflikt zwischen der Notwendigkeit, die Angst auszudrücken, und der, sie zu verleugnen, solidarisch. Sie kooperieren in der Suche nach einer annehmbaren Sprache, die einen Kompromiß zwischen diesen beiden Notwendigkeiten darstellt. Sie entwickeln gemeinsam kollektive Abwehrhaltungen gegen die Angst, die für alle Gruppenmitglieder annehmbar sind. Denn die Abwehr der Trennungsangst kann nie Sache eines einzelnen sein, wie reif er auch sei.«

Die Macht der Gefühle

Die Reporterin, Frau Pichota spricht mit Kammersänger B

Frau Pichota:	»Herr Kammersänger. Sie sind berühmt für den leidenschaftlichen Ausdruck im ersten Akt. Man hat geschrieben, daß ein Funke der Hoffnung in Ihrem Gesicht stünde. Wie bringen Sie das fertig, wenn Sie als vernünftiger Mensch den gräßlichen Ausgang im fünften Akt doch kennen?«
Kammersänger:	»Das weiß ich im ersten Akt noch nicht.«
Frau Pichota:	»Vom letzten Mal her, Sie spielen das Stück zum 84. Mal?«
Kammersänger:	»Ja, es ist ein sehr erfolgreiches Stück.«
Frau Pichota:	»Dann müßten Sie den schrecklichen Ausgang doch allmählich kennen!«
Kammersänger:	»Kenn ich auch. Aber nicht im ersten Akt.«
Frau Pichota:	»Aber Sie sind doch nicht dumm!«
Kammersänger:	»Die Bezeichnung würde ich mir auch verbitten.«
Frau Pichota:	»Dann wissen Sie doch aus den früheren Aufführungen, also um 20.10 im ersten Akt, was um 22.30 Uhr im fünften Akt passieren wird.«
Kammersänger:	»Ja.«
Frau Pichota:	»Ja wieso spielen Sie dann ›mit einem Funken der Hoffnung im Gesicht‹?«
Kammersänger:	»Weil ich im ersten Akt den fünften Akt nicht kennen kann.«
Frau Pichota:	»Sie meinen, daß die Oper anders ausgehen könnte?«
Kammersänger:	»Freilich.«
Frau Pichota:	»Sie geht aber nicht anders aus. 84 Mal schon nicht.«
Kammersänger:	»Ja, weil das ein erfolgreiches Stück ist.«
Frau Pichota:	»Ja, deshalb 84 Aufführungen. Aber es geht am Ende nicht gut aus.«
Kammersänger:	»Sie sind gegen Erfolg?«
Frau Pichota:	»Nein, aber es geht im 5. Akt nicht gut aus.«
Kammersänger:	»Könnte doch aber!«

A. Kluge: Die Macht der Gefühle. Textbuch zum Film, Frankfurt 1984, S. 77–79

Was geschieht üblicherweise?

Kollektiver Abwehrtypus: Verleugnung der Realität

»Wir wollen niemals auseinandergehn«

Heidi Brühl (wenn ich mich recht entsinne) hat diese Sehnsucht nach Ewigkeit, der ja die Vermeidung von Unlust zugrundeliegt, millionenfach unters Volk gebracht. Ein solcher Erfolg war abzusehen. Die Vermarktung der Sehnsucht nach zeitlosem Zusammensein, die Vermeidung von Trennungs-Unlust, all dies ist eben ein Schlager. Solches garantiert – gerade weil es gegen die Realität gerichtet ist – hohe Akzeptanz und guten Gewinn.

Daß die Gruppe zu existieren aufhört, daß sie ein Ende hat, das wird als Faktum möglichst lange ignoriert. Niemand spricht, auch wenn das Ende schon abzusehen ist, von diesem. Im Gegenteil, es werden Phantasien entwickelt, die als Pläne ausgegeben werden, um die Gruppe, den Kurs, das Seminar fortzusetzen. So z.B. in der Volkshochschule: *»Im nächsten Semester machen wir alle mit einem anderen Thema weiter.«*

Die Gruppe schafft sich, gegen die Unlustgefühle der Trennung gerichtet, eine Zukunftsvision, die nichts anderes ist, als die altbekannte und schöne Paradies-Illusion. Die Bedrohung der Auflösung, des Zerfalls, läßt sich so abwehren und die falsche Vorstellung vom ewigen Fortschritt und Fortgang des Lebens, die in unserer Wachstumsgesellschaft als Produktivkraft immer wieder forciert wird, aufrechterhalten. (Politisch wurde dies in der Illusion des nicht endenden »Tausendjährigen Reiches« erfolgreich eingesetzt.)

Aktionen, wie das gemeinsame Gruppenphoto, die Verteilung einer Adressenliste aller Gruppenmitglieder, die Verabredung für neue Termine, all dies wird von der (Abwehr-)Dynamik nach ewigem Zusammensein gespeist. Auch der häufig in Schlußsituationen geäußerte Teilnehmer-Wunsch von der Leitung zu erfahren, wie gut die Gruppe war, ist letztlich auch einer Sehnsucht geschuldet; jener nämlich, als besonders gute Gruppe in der Erinnerung (d.h. über das Ende hinaus) existent zu bleiben. »Nach Segen lechzend von irgendwoher stirbt die Gruppe.« (Mills, zit. nach Ph.E. Slater, 1970, S. 85)

Ein Beispiel: Eine Gruppe von Führungskräften aus der Wirtschaft hat ein zweiteiliges, sehr intensives und produktives Seminar zum Thema »Miteinander Reden/ Kommunikation« beendet. Am Ende des zweiten Teils kam von den Teilnehmern der Vorschlag, einen dritten Teil zu veranstalten. Weil dies von der Firma aus nicht möglich war, beschlossen die Teilnehmer – aus lauter Begeisterung über das gemeinsame Gruppenerlebnis -, das Seminar selbst zu organisieren und die Trainer aus der eigenen Tasche zu bezahlen. Ein Termin und ein Tagungshotel wurden festgelegt. Den Trainern wurde bedeutet, daß sie nur zu kommen bräuchten, alles andere würden die Teilnehmer arrangieren. Und alle wollten sie kommen ... Am verabredeten Tag erfuhr ein Trainer rechtzeitig, daß die geplante Fortsetzung nun doch nicht ... Die andere Trainerin fuhr durch halb Deutschland und stand vor verschlossenen Türen (berichtet von M. Hartmann).

Kollektiver Abwehrtypus: Harmonie

»Und sie lebten glücklich bis an ihr Ende«

Die Unlust sich zu trennen, sich zu vereinzeln, bald alleine sein zu müssen, diese Unlust wird bekämpft durch die Inszenierung ihres Gegenteils. Gegen die drohende Isolation, die bereits spürbare Einsamkeit, werden Tische und Stühle nahe zusammengerückt. Distanzen werden vermieden. Konflikte, die bisher sichtbar waren, werden versteckt. Disharmonien ignoriert. Jeder – so ein schönes Bild von A. Gehlen (1975, S. 84) – hat im Kreise herum auf den Knien des anderen Platz genommen, und so bleibt verborgen, daß niemand wirklich sitzt.

Das Ende und die damit verbundene sozio-emotionale Belastung ist stärker als die Konflikte. Über das die *einzelnen* Gruppenmitglieder Trennende hinweg (Disharmonien zwischen Teilnehmern) bilden alle die spezifische Interessengemeinschaft der Sich-Trennenden, der vom Ende der Gruppe Betroffenen. Das vereint sie in dieser Situation, auch wenn sonst evtl. wenig Gemeinsames zwischen ihnen vorhanden ist und war. So entsteht die Phantasie von Distanzlosigkeit und so entsteht letztlich auch die Realität von Harmonie. Diese hat jedoch häufig etwas Komisches, sie ähnelt allzusehr dem Happy-End im Western, bei dem im Hintergrund die noch kurz zuvor Erschossenen zu sehen sind. Vielen verschlägt es dabei die Sprache, andere sind still, weil nur so die (Pseudo-)Harmonie überhaupt herzustellen ist. Und so endet das Ende wie die Erkennungsszene zwischen dem Tempelherrn und Saladin in Lessings »Nathan«: »Unter stummer Wiederholung allseitiger Umarmung fällt der Vorhang.«

> Vorbei! Ein dummes Wort, warum vorbei?
>
> *(Faust II)*

Kollektiver Abwehrtypus: Flucht in die Aktivität

»Schlußverkaufsstimmung«

»Gegen Ende des Seminars kam eine sehr große Hektik auf. Die Teilnehmer wollten plötzlich aufbrechen, dadurch war eine fundierte Auswertung nicht mehr möglich. Zwar bemühten sich die Trainer um eine nochmalige Konzentrierung, doch da sie ebenfalls weitere Termine zu erfüllen hatten und wegmußten, war der Seminarschluß aus Beobachtersicht etwas unglücklich.« (Aus einem Beobachtungsprotokoll)

Solche (milden) Panikreaktionen sind in Schlußphasen von Gruppen nicht ungewöhnlich. Da tritt plötzlich Arbeitshektik und ungewohnte Geschäftigkeit auf, die fundierte Lehr-/Lernprozesse überhaupt nicht mehr zulassen; da will man plötzlich noch ganz viel von den Dozenten und Dozentinnen wissen. Da ergeben sich Situationen, die stark an »Bleibeverhandlungen« erinnern. Oder auch an Vorbilder aus der Musik: Stürmische, laute Akkorde signalisieren das nahe Ende.

Auch D.W. Winnicot (1973, S. 26) hat bereits diese Erfahrung gemacht:

»Kurz vor dem Verlust können wir manchmal feststellen, daß das Übergangsobjekt in übertriebener Weise gebraucht wird; hier handelt es sich dann um den Ausdruck der Verleugnung, daß das Übergangsobjekt bedeutungslos zu werden droht.«

Dies ist nicht nur ein Teilnehmerproblem. Da teilen Gruppenleiter/Gruppenleiterinnen in der letzten Veranstaltungsstunde soviel Material (Skripten) aus, wie vorher im gesamten Seminar nicht. Da muß noch schnell all das besprochen werden, was auf dem Flipchart-Merkzettel steht. (Montaigne hat dies als Senf bezeichnet, der erst nach der Mahlzeit aufgetragen wird.)

Wenn man genauer hinsieht, so dient dies alles mehr der Ablenkung, der Flucht vor dem Ende als einem Erkenntnisfortschritt, als welches es aber häufig offiziell deklariert wird. Man kennt dies ja auch aus anderen Zusammenhängen. So etwas ist eine wohlgelittene und gesellschaftlich mit viel Lob bedachte und anerkannte Abwehrform: die Flucht in die Arbeit. Man flieht vor den Lebensereignissen in die Arbeit, macht die Arbeit zum ausschließlichen Lebensinhalt und pflegt die Illusion des ewigen Fortschreitens. Und man vergißt dabei, daß das Ende auch ein

Teil des Lebens ist. Diese Form der Arbeit aber wird zum problematischen Spiel. Sie dient nämlich dem *Über*-Spielen jener unlustverursachenden Realität, die man abwehrt.[10] So wird das Ende entsorgt.

Die einen sind dabei betont lässig: »Hallo, good-bye, Bussi für Tracy und Lucy«. Die anderen: Wortloses Sichzurückziehen, stummes Stehenlassen. Aber alle laufen irgendwie nur auseinander.

Auf der Suche nach dem guten Ende

Diese Abwehrtypen sind Bewältigungsmechanismen für eine Situation, die hohe Verhaltensunsicherheit produziert, in der viel Affekte entstehen, deren Bearbeitung aber kaum möglich ist. Die oben typisiert dargestellten Handlungen sind ein »modus vivendi« für das Leben der Gruppe am Ende des Lebens der Gruppe. Es sind realistische Möglichkeiten, mit einer schwierigen Situation fertig zu werden. Die Schlußsituation von Gruppen ist nämlich eine Konstellation, in der Abwehr interaktionell entsteht. S. Mentzos hat dafür den treffenden Terminus »Abwehrkonstellation« gefunden (1977). Einer solchen Konstellation können sich die Gruppenmitglieder nicht entziehen, so daß es müßig wäre, zu überlegen, wie man ohne Abwehr in Schlußsituationen auskäme.

Wichtig und interessant ist jedoch die Frage, wie man produktiv mit der Abwehr umgehen könnte, welche sinnvollen Angebote seitens der Gruppenleitung für die schwierige Situationsbewältigung angeboten werden könnten.

Für eine Gruppe, die sich auflöst, die stirbt, gibt es keine freien Tage, so wie dies für den individuellen Todesfall in der nahen Verwandtschaft im Tarifrecht vorgesehen ist. Man kann als Leiter/Leiterin einer Gruppe das Problem allein schon deshalb nicht individualisieren. Nicht jeder einzelne Gruppenteilnehmer soll Abschied nehmen, so wie er/sie es will (dafür wäre u.U. auch Zeit zur Verfügung zu stellen), sondern *alle* müssen als Gruppenteilnehmer die Gruppe auflösen. Dies gilt es zu arrangieren. Diesbezüglich sollte die Gruppenleitung ein Angebot machen.

---

10 Dazu S. Freud: »Wer das Seelenleben des Menschen kennt, der weiß, daß ihm kaum etwas anderes so schwer wird, wie der Verzicht auf einmal gekannte Lust. Eigentlich können wir auf nichts verzichten, wir vertauschen nur eines mit dem anderen; was ein Verzicht zu sein scheint, ist in Wirklichkeit eine Ersatz- oder Surrogatbildung« (Der Dichter und das Phantasieren, GW, Bd. 7, 1966, S. 215).

Für J.E.

Die Geschichten, die
Davon erzählen
Daß einer (gläubig
Und ernst wie Du)

Wirklich zu gutem Ende
Kam – all diese schönen
Geschichten beginnen:
»Es war einmal«.

*(D. Leisegang 1980,
S. 190)*

Die allererste und die allerwichtigste Handlung ist dabei das frühzeitige öffentliche Ansprechen jener Realität, daß diese Gruppe ein Ende hat, daß sie sich auflösen wird. Dazu eignet sich bereits die Anfangssituation, in der ja faktisch der Kontrakt auf eine zeitlich beschränkte Zusammenarbeit geschlossen wird oder in der (da die Dauer von Veranstaltungen meist über die Ausschreibungen bereits bekannt gemacht wurde) an die zeitliche Beschränkung der Gemeinsamkeit erinnert wird. Dies ist illusionsreduzierend und dient einer realistischen Einschätzung mit dem Ziel, nur soviel zu erwarten bzw. zu geben, was in der vorgegebenen Zeit auch sinnvoll be- und verarbeitet werden kann. Das Ende des Kurses, der Veranstaltung, des Seminars, muß im Verlauf des Lehr-/Lernprozesses immer wieder ins Gedächtnis gerufen werden. Günstige Zeitpunkte sind dafür Zwischenzusammenfassungen und/oder Ankündigungen über den weiteren Verlauf. Zeit-Grenzen setzen und auf die gesetzten Zeit-Grenzen immer wieder aufmerksam machen, das ist eine der wichtigsten Voraussetzungen, daß die Realitäten des Gruppenlebens und der Gruppenentwicklung nicht von illusionären Vorstellungen bestimmt werden. Und dies ist auch die wichtigste Vorbereitung der Teilnehmer von seiten der Gruppenleitung im Hinblick auf eine soziodynamisch sinnvoll bewältigbare Trennungssituation.

Je nachdem, für wie reif Dozenten und Dozentinnen ihre Gruppen halten, kann die Leitung den Gruppenmitgliedern anbieten, selbst zu entscheiden, wie die Gruppe enden soll. Zeit für diese Entscheidung sollte früh genug gegeben werden, d.h. weit vor der Schlußphase, und sie sollte ausreichend sein, da die Beschäftigung mit der Gestaltung der Schlußphase ja bereits eine sehr realistische Form der Auseinandersetzung mit der Trennungssituation bedeutet. Traut man seitens der Leitung der Gruppe die Bewältigung dieser Aufgabe nicht zu (oder traut man sich als Leiter/Leiterin nicht zu, eine solche Aufgabe zu stellen), dann muß man selbst Formen des Beendens anbieten. Konkrete Angebote dafür finden Sie im Abschnitt: »Das Finale verlangt nach Gestaltung« (S. 83).

Jonas (5 Jahre):

*»Bei meinem Zirkus
mußt Du Austritt zahlen;
drei Mark, wenn
der Zirkus aus ist«*

Das Ende einer Gruppe bedarf der kontinuierlichen Vorbereitung von Anfang an. Das ist nicht leicht, auch Regenschirme werden in den meisten Fällen erst gekauft, wenn es regnet.
Wichtig ist (besonders bei längeren Veranstaltungen), daß die Leitung in »Sichtweise des Endes« systematisch darauf hinarbeitet, die emotionale Bedeutung der Gruppe nach und nach zu vermindern, das heißt:
– daß sie gegen Ende, wenn überhaupt, *nicht* direkt einzelne Teilnehmer konfrontiert, daß sie in dieser Phase eher unterstützend, helfend arbeitet.

46

- daß Konflikte in der Gruppe nicht weiter forciert werden, daß mehr erklärt und analysiert wird und daß Verständnis gezeigt wird.
- daß Themen, die starke Betroffenheit auslösen, eher vermieden werden.
- daß mehr »Altes« zu Ende gebracht, als »Neues« angefangen wird.

Die Leitung sollte – ähnlich wie in Anfangssituationen (vgl. Kh.A. Geißler 1991) – den Gruppenteilnehmern durch Struktur Orientierung geben und sie nicht in ihrer häufig auftretenden diffusen Unentschlossenheit bestärken. Das alles hat, wenn es wirksam werden soll, eine entscheidende Bedingung: *Glaubwürdigkeit.* Die Leitung der Gruppe, der Dozent/die Dozentin, sind als (besondere) Gruppenmitglieder selbst von der Trennungssituation betroffen. Glaubwürdigkeit heißt dann nicht nur für die übrigen Gruppenmitglieder etwas tun, sondern auch für sich als Beteiligter/Beteiligte sorgen. Man hilft nicht nur den anderen (das glaubt einem ja kaum mehr jemand), man hilft auch immer sich selbst. Das Gegenteil von Glaubwürdigkeit wäre in unserem Falle die auffällige Selbstdarstellung der Leitung als »Zeremonienmeister von Schlußsituationen«, als »funeral director«. Ungeeignet, und daher auch wenig glaubwürdig, wäre auch die Imitation der vielfach zu beobachtenden Polizisten, die die Verkehrsmassen in jene Richtung leiten, in die sie sich ohnehin bewegen. Solche Haltungen würden mehr verhindern als ermöglichen.

Es gibt für solch sensible Situationen, wie sie die Trennungsphase von Gruppen ist, keine Bewältigungs-Technologie, die unabhängig von der Haltung jener funktioniert, die sie anwenden. Der Schluß, das Ende, ist *kein* Managementproblem, sondern eine Aufgabe, mit Erfahrungen sinnvoll umzugehen. W. Weischedel (1976) hat dafür die schöne Formel von der »zur Haltung gewordenen Tätigkeit des Abschieds« gefunden. Es hat eben, wie F. Kafka (1970, S. 364) bemerkte, »immer eine gewisse Feierlichkeit, wenn ich mich dem Ausgang nähere«.

Hans Georg Rauch: Die Striche kommen

Rituale der Trennung

Die gemeinsame Besiegelung der Gemeinschaft

Im Abschnitt über die »Soziodynamik von Schlußsituationen« habe ich versucht, deutlich zu machen, daß die Trennungssituationen in Gruppen konflikthaft erlebt werden. Weder das bewußte Erleben noch die vollständige Abwehr der emotionalen Belastung ist möglich (bzw. sinnvoll). Alle menschlichen Gesellschaften stellen für solche schwierigen, unsicheren Situationen, in denen widersprüchliche Anforderungen einen balancierenden Umgang mit diesen verlangen, Rituale, symbolische Handlungen und Zeremonien zur Verfügung. Diese geben Sicherheit, (indem man sich auf gemeinschaftlich geteilte Erwartungen und Abläufe verlassen kann) und sie geben Orientierung, dadurch daß sie die Dinge und die Prozesse ordnen. Sie knüpfen an kulturell gewachsene Übereinkünfte an und lindern damit aktuell situativ bedingte Unsicherheiten.[11] Sie helfen, den individuellen und den kollektiven Lebenslauf zu gestalten.

Anfänge und Schlüsse wurden in unserer Gesellschaft schon immer symbolisch, rituell und zeremoniell begangen und hiermit als solche deutlich gemacht. Dadurch wird die fliehende Zeit strukturiert. Kontinuität und Abgrenzung zwischen Abschnitten werden u.a. über die Definition von Beginn und Ende vollzogen. Vom »Zäsurbedarf des modernen Menschen« spricht O. Marquard. Ganz besonders am Ende von Gruppenprozessen ist dieser als Zeichen und als Erfahrung zu befriedigen, um danach neu anfangen zu können.

---

11 Trotz der seit der Aufklärung häufigen Versuche, Rationalität an die Stelle von Ritualen zu setzen, gelang und gelingt dies kaum. Die rationalistischen Ersatzangebote erfüllen die Funktion der Rituale sehr unvollkommen. So z.B. versuchen heute viele, die traditionellen Beerdigungsrituale zu vermeiden. Der angebotene Ersatz, die Trauerarbeit beim Therapeuten, ist (einmal davon abgesehen, daß diese erheblich teurer kommt) meist eine schlechtere, auf jeden Fall aber eine langwierigere Alternative. Der Grund dafür liegt nicht zuletzt in dem Sachverhalt, daß ein kollektives Verarbeitungsritual durch ein individuelles ersetzt wird. Falls dies überhaupt geht, dann geht das nicht besonders gut.

Rituale und Zeremonien sind Gehilfen des Übergangs. Sie leisten Affektentlastung. Sie stellen traditionelle und bekannte Formen bereit, um mit der individuellen, insbesondere aber mit der kollektiven Dynamik in Gruppen »besser« umgehen zu können. In diesem Sinne kann man sie auch als »fertige Angebote eines Abwehrverhaltens« (Mentzos) verstehen, auf die in Krisensituationen zurückgegriffen werden kann. Kollektive Schlußsituationen sind nämlich immer mit Verzichtsleistungen verbunden. Es muß auf wichtige Beziehungen verzichtet werden, es muß auf den Schutz der Gruppe verzichtet werden, und es muß auf die helfende Orientierung durch die Leitung der Gruppe verzichtet werden, auf Anerkennung und Unterstützung. Solcher Zwang zum Verzicht macht aggressiv. Diese Aggressivität (die manchmal auch gegen sich selbst gerichtet, zur Depression wird) wird durch ritualisierte Handlungsmuster sozial kontrolliert und über strukturierte Verhaltensvorgaben in domestizierter Art und Weise ausdrückbar. Rituale stärken die gemeinsame Abwehr gegen Triebdurchbrüche.

Sie sind aber auch eine Form der sozialen Kommunikation/Interaktion, in der Bedeutungen entwickelt, geordnet und weitergegeben werden. Über Rituale wird Realitätskontrolle in labilen, ungesicherten Situationen ausgeübt, um über diese den Einfluß auf das Unkontrollierbare zu sichern. Sie entlasten, sie orientieren und sie vermitteln zwischen Gegenwart und Zukunft, indem sie Trennungen nicht hart und abrupt, sondern »weich« und sukzessiv herbeiführen.

»In Ritualen – von Preisverleihungen über Vereidigungen bis hin zur Taufe (und bis hin zur Beerdigung, Kh.G.) *– darf jeder ergriffen sein von Gefühl. Der feste Rahmen des Rituals wirkt wie ein Geländer, an dem entlang ein Gang durch das, was im Innern anrührt, wagbar erscheint.«* (H. Kämpfer 1984, S. 120)[12]

Rituale balancieren die affektgeladene Situation durch ein In-Szene-Setzen, durch die Sprache der Aktion. Es muß dabei nicht viel geredet werden. Rituale kommen häufig der Wirklichkeit dadurch näher, daß sie von dem in der Bildungsarbeit üblichen Zwang entlasten, alles in Worte fassen zu müssen. Verlust- und Trennungssituation reduzieren ja, wie man das immer wieder erlebt, das Bedürfnis nach verbaler Kommunikation. Man verständigt sich über Symbole und Formen. Für die unklare, widersprüchliche und belastende Situation »Ende«, in der man

---

12 Hier wird die positive Seite von Ritualen hervorgehoben. Es gibt genügend Beispiele für überkommene, verkrustete Rituale und für solche, die zu folkloristischen Amüsements heruntergekommen sind. Diese interessieren in unserem Zusammenhang nicht. F. Wellendorf (1973) hat eine treffende Kritik der problematischen Seite von Ritualen in schulpädagogischen Zusammenhängen geleistet.

zwar meint, etwas sagen zu müssen, aber nicht recht weiß, was man sagen soll, greift man auf ein bewährtes, antikes Handlungsmuster zurück:

»Der Gott, dessen Orakel zu Delphi ist, spricht nicht aus und verbirgt nicht, sondern gibt ein Zeichen.« (Heraklit)

Nun sind die rituellen Handlungsmuster in der aufgeklärten Erwachsenenbildung häufig nur mehr die Schrumpfformen der großen demonstrativen Rituale früherer Zeiten. Selten werden Kurse, Seminare oder Trainings durch Brillantfeuerwerke beendet, nur in Einzelfällen werden gemeinsam Hymnen gesungen und auch der priesterliche Segen wird Kursteilnehmern nur noch in der kirchlichen Erwachsenenbildung zuteil – und auch dort nur, wenn die Veranstaltung am Sonntag endet. Es wird kein Schlußstein feierlich gesetzt, schon eher ist das übliche Richtfest bei der Fertigstellung des Rohbaues (und was ist die Erwachsenenbildung anderes!) am Ende des Lehr-/Lernprozesses anzutreffen (darüber später mehr). Und wenn die Glocken am Schluß einer Weiterbildungsveranstaltung läuten, dann meist nur deshalb, weil am Ort gerade jemand anderer als die Lehr-/Lerngruppe zu Grabe getragen wird.

> »Im Abschied halten die Begriffe inne und werden zu Bildern.«
>
> (T.W. Adorno 1971, S. 47)

Trotzdem, es gibt sie noch, die kleinen expressiven sozialen Arrangements, die in der situativ verursachten Ohnmacht von Schlußsituationen Stabilität, Orientierung und Geborgenheit versprechen (und manchmal halten sie auch ihr Versprechen). Man muß nur etwas genauer hinschauen, man muß zum »Afrikaforscher des Alltäglichen«[13] werden. Ich will es versuchen!

---

13 Auch Sherlock Holmes ist sehr erfolgreich in dieser Weise vorgegangen. Er erläutert sein Verfahren folgendermaßen: »Sie kennen ja meine Methode. Sie gründet sich auf die Beobachtung von Belanglosigkeiten.«

Bewältigungsmuster 1
Feierabend: »Saure Wochen, frohe Feste«

Gruppenprozesse schließt man am besten ab, indem man die Gruppe nochmals so richtig leben läßt. Dies ist der dialektische Umschlag von höchster Aktivität zum Zerfall. Man kennt dies aus der Küche: Die höchste Aktivität des Wassers ist am Siedepunkt erreicht – dann löst sich dieses in Luft (genauer: in Dampf) auf.

In Veranstaltungen der Erwachsenenbildung (z.B. in Trainings) erlebt man entsprechend dieser Konsequenz oftmals am letzten Abend eine soziale Inszenierung. Dies wird zwar häufig als Fest bezeichnet, aber leider begegnet man meist nur noch Rudimenten davon. Der sogenannte »Social evening« ist die interaktionstechnokratische Schrumpfform des Abschiedsfestes.

Feste sind ein expressives Problemlösungsmuster, um den Abschied von der Gruppe als einen Übertritt in eine andere Lebensform zu gestalten. Es ist der Feierabend, der der Arbeit entgegengesetzt ist, aus dieser bezieht er aber seine Legitimation. Das Fest ist der Ort, der das Nützlichkeitsdenken des arbeitsorientierten Lehr-/Lernprozesses kontrastiert. In ihm können die Leidenschaften, ohne Leiden zu schaffen, ausgelebt werden. Es ist die Entspannung, die auf die Spannung folgt. Im Dionysischen des Festes werden die Rollen des Lehr-/Lernprozesses aufgelöst; der Dozent ist nicht mehr Dozent, der Teilnehmer nicht mehr Teilnehmer. Die bis dahin gültige strukturelle Rollenverteilung wird außer Kraft gesetzt (und die Kränkung, immer nur Teilnehmer während des Lehr-/Lernprozesses sein zu müssen, durch das Verlassen dieser Rolle bearbeitet).

Je nachdem, wieviel Triebverzicht der Lehr-/Lernprozeß erforderte, wird ein Fest immer auch Zeichen eines Auslebens von aufgestauten Triebbedürfnissen besitzen. Insofern kann das Feiern durchaus aggressive Züge bekommen, und manchmal bricht sich auch das angestaute Affektpotential unkonventionelle Bahnen. Von Abiturfeiern kennen wir das. Aber bevor man diejenigen beschimpft, die bei solchen Gelegenheiten ihre affektive Verstopfung »verflüssigen«, sollte man (besonders als Gruppenleiter, Dozent und/oder Lehrer) überprüfen, welchen ursächlichen Anteil man selbst daran hat. Wer hören und sehen will, der hört und sieht in solchen Situationen manchmal überraschende Details aus dem Unterholz des abgelaufenen Gruppenprozesses.

Das soziale Arrangement »Fest« ist jedoch nicht nur als Auflösung und Überwindung der etablierten alten (Rollen-)Ordnung zu verstehen, sondern auch als der Wille zur Entwicklung neuer Ordnungs- und Verhaltensmuster. Es setzt der zielorientierten Ökonomie des Lebens und Lernens die Verschwendung als alternative Lebensform entgegen. Es können neue Erfahrungen gemacht werden. Es ist der Freudenmarsch auf dem Rückweg vom Begräbnis, der dem Trauermarsch des Hinwegs entgegengesetzt ist, ihm aber auch zugehört. Die Lösung vom Alten geschieht durch das Erlebnis des Neuen. Das Fest ermöglicht den Übergang, indem es den von den Beteiligten selbst gestalteten Lebensrahmen durchbricht.[14]

Die Angst vor dem Ende, vor dem drohenden Identitätsverlust, wird durch die Lust am Lebensüberfluß abwehrend bearbeitet. Die mit der Trennung notwendigerweise einhergehende Distanzierung wird in die Distanzlosigkeit des Feierns integriert. Die Kälte, die durch die eintretende Vereinzelung am Schluß des Gruppenprozesses zu erwarten ist, wird durch die Wärme und die Nähe, die die Gemeinschaft im Fest ermöglicht, kompensiert. Das soziale Ereignis Fest führt diejenigen zusammen, denen Isolierung droht. Verlierend finden sie sich. »Aus zwei Entgegengesetzten entsteht das eigentlich Reale.« (Novalis)[15]
Es ist der fröhliche Tod, so wie ihn Rabelais im Falle des Herzogs von Clarence schildert: Zum Tode verurteilt, hatte man ihm die Art der Hinrichtung freigestellt, und er entschied sich für das Ertränktwerden in einem Faß Malvasier. Wein statt Weinen – das wär's! Darüber mehr in dem jetzt folgenden Abschnitt.

14 Deutlichstes Beispiel ist das Sylvester/Neujahrsfest. Es soll das alte Jahr überwinden und aufs neue hinführen, und es verbindet Öffentlichkeit und Privatheit. Sichtbar – im ursprünglichen Sinne des Wortes – wird dies dadurch, daß das gemeinsame öffentliche Feuerwerk ein Ergebnis individueller Einzelaktionen ist.
15 Diesen Aphorismus fand ich bei R. Becker-Schmidt/G.A. Knapp (1987), die an gleicher Stelle (S. 32/33) über die Produktivität der gemischten Gefühle in Trennungssituationen schreiben: »Die Beziehung zur Realität konstituiert sich wesentlich über Trennungserfahrungen: die Sonderung von Wahrnehmendem und Wahrgenommenem, von Innen und Außen, Subjekt und Objekt. Dieser Prozeß konfrontiert die Menschen mit einem Phänomen, das uns im folgenden beschäftigen soll: dem der gemischten Gefühle. Trennungen sind notwendigerweise mit bejahenden und verneinenden Impulsen verbunden. Damit ein Kleinkind sich zum Beispiel als selbständig erleben kann, muß es auf seine Symbiosewünsche mit der Mutter verzichten. Der Verzicht auf diese unbewußt festgehaltene Einheit schließt ein, sich von Allmachtsphantasien loszusagen, die sich aus der erlebten Symbiose nähren (›Ich bin nicht eins mit der Mutter, also bin ich nicht so mächtig wie sie‹). In der Loslösungsphase existieren im Kind diese widersprüchlichen Affekte: Autonomiebedürfnisse und Trennungsängste. Einen solchen Konflikt, in dem konträre Gefühle gleichzeitig und auf ein und dasselbe Objekt gerichtet auftauchen, nennen wir mit Bleuler ›Ambivalenz‹. Da Ambivalenzkonflikte in einer widersprüchlichen Realität unausweichlich sind, Lernprozesse daher entscheidend davon abhängen, wie jene subjektiv verarbeitet werden können, soll uns dieses Phänomen im folgenden ausführlich beschäftigen.«
Es lohnt sich, dort weiterzulesen.

Zur zeit ein narr seyn / ist auch Kunst und Weißheit.

(Genuß und Genießen, Beltz Verlag 1983)

Bewältigungsmuster 2
»Lasset uns essen und trinken, denn morgen müssen
wir sterben« (Jesaja)

Mit Essen und Trinken Veranstaltungen beenden, ist das zweifelsohne verbreitetste Ritual in der Erwachsenenbildung. Da hört ein Drei-Tages-Training mit dem Mittagessen auf; da gehen alle diejenigen, die im Volkshochschulkurs durchgehalten haben, am letzten Abend in eine Kneipe; da bringt jedes Mitglied einer Selbsthilfegruppe zum Abschluß etwas zum Essen mit; da schließt der Vortrag des prominenten Redners mit einer Einladung des Veranstalters zum Kaffee in der Hotelhalle; da lädt der Professor sein Seminar am Ende des Semesters auf ein Bier ein.

Ich erlebe das in meiner Praxis als Trainer/Dozent/Hochschullehrer als eine erfreuliche Tradition, und ich möchte sie nicht ändern – wenn möglich sogar verbessern. Das bringt jeden selbsternannten Kämpfer gegen die Verschwendung zwar zur Raserei, aber ich will argumentativ belegen, daß es sich dabei gar nicht um Verschwendung handelt; denn wie soll man enden, wenn man am Schluß keine Gelegenheit hat, den Löffel aus der Hand zu legen?

Seit alters her haben Essen und Trinken die Verstreuten und die sich Verstreuenden vereint. Diejenigen, die sich (z.B. im Anschluß an eine Beerdigung) wieder trennen und ihrer Wege gehen, sollen wissen (besser: erleben), daß sie nicht alleine sind. Das gilt selbstverständlich in gemilderter Form auch für längerfristige Bildungsveranstaltungen und deren Schlußdynamiken. Im Ritual des gemeinsamen Essens und Trinkens drückt sich gegenseitige Verbundenheit aus.[16] Dieser kulturelle Akt der Geselligkeit ist traditionell eine Aktivität, durch die der Mensch in Beziehung zu seinem Milieu steht und durch die er es verändert. Es ist, wie auch das Fest (und manchmal fallen ja Fest und Mahl zusammen), ein Ritual für den Übergang von der Vereinigung in die Vereinzelung. Georg Simmel (1957, S. 243) hat diesen Aspekt auf den Punkt gebracht.

»Von allem nun, was den Menschen gemeinsam ist, ist das Gemeinsamste: daß sie essen und trinken müssen. Und gerade dieses ist eigentümlicherweise das Egoistischste, am unbedingtesten und unmittelbarsten auf das Individuum Beschränkte: was ich denke, kann ich andere wissen lassen; was ich sehe, kann ich sie sehen lassen; was ich rede, können Hunderte hören – aber was der einzelne ißt, kann unter keinen Umständen ein anderer essen.«

Das Brot ist kummerstillend, behauptet der Volksglaube, und so gibt man den Aufbrechenden etwas Eßbares mit, in der Hoffnung, daß man sich in der Fremde (»draußen im Lande« sagen Politiker gerne) nicht allzu einsam fühlt. Die gleiche Funktion hat der traditionelle Abschiedstrunk, der vor den Gefahren der Reise bewahren und für einen ungefährdeten Heimweg sorgen soll. Da auch unsere Heimwege häufig nicht ganz ungefährlich sind, sollte man an solchen Traditionen festhalten.

Diese dargestellten Funktionen des Essens und des Trinkens in Schlußsituationen sollten die an ökonomischer Rationalität Interessierten, die aus finanziellen Gründen solches gerne (unter der Fahne der Sparsamkeit) für Bildungsveranstaltungen abgeschafft hätten, zum Nachdenken bringen. Vielleicht hätten sie dann auch Verständnis für die letzte Tat des Notker Labeo, der Leiter der Klosterschule St. Gallen, der im Jahre 1022, bevor er starb, die Armen der Umgebung um sich

---

16 Ph.E. Slater (1970, S. 80) erinnert daran, daß das gemeinsame Mahl auch als »symbolisch – kannibalistische Einverleibung« interpretiert werden kann. Diese Interpretation paßt gut zu solchen Veranstaltungen, wo die Weisheit mit Löffeln ausgeteilt wird und »da der Gruppenleiter zu Recht oder zu Unrecht die Quelle dieses Lernens symbolisiert, ist er es auch, der in einem gewissen Sinn als einverleibt betrachtet wird«. Sein Fell wird verzehrt und/oder seine Haut versoffen. Dabei muß schon etwas auf den Tisch – eher das Gegenteil von Trenn-kost wäre die adäquate Trennungs-Beihilfe.

> »Es ist mir besonders angenehm zu wissen, daß ein Mann wie Immanuel Kant (1724–1804) geschrieben hat: ›Es ist für einen Philosophen ungesund, alleine zu essen‹ (und nicht nur für ihn).«
> (L. Moulin 1989, S. 211)

> »Ist ein Stück ausgespielt, so begibt man sich, nicht ohne vielleicht vorher rasch noch in einer Wirtschaft ein Schinkenbrötchen gegessen zu haben, unauffällig nach Hause.«
> (R. Walser 1986, S. 306)

versammelte und großzügig bewirtete. Das Letzte, was Labeo sehen wollte, sollten die zufrieden-fröhlichen Gesichter der Gesättigten sein. Vielleicht ist dies auch das heimliche Motiv jener Gruppenleiter, die zum Abschluß ihre Gruppenmitglieder zum Essen und/oder Trinken einladen. Kein schlechtes Motiv.

Kleine Zeremonien 1
»Sag zum Abschied leise Servus«[17]

Wenn Wissen Macht ist (was selbstverständlich so nicht stimmt), dann wären wir im Zeitalter des lebenslangen Lernens alle mächtig (schön wär's). Wenn aber alle mächtig wären, worin würde sich die Macht ausdrücken, wie würde sie sich zeigen?

Die höfische Gesellschaft nutzte Abschiedssituationen (und Anfangssituationen) und hierbei insbesondere die Grußzeremonien, um Macht zu demonstrieren. Das Hof-Zeremoniell der Verabschiedung diente dazu, die soziale Hierarchie und die gesellschaftliche Stellung bewußt auszudrücken und anzuerkennen. Heute braucht man die Fähigkeit zur tiefen Verbeugung und zum formvollendeten Knicks als Teil des Abschiedszeremoniells nur noch, wenn der seltene Fall eintritt, daß Königin Elisabeth eine Gruppe geleitet hat, in der man Mitglied war.

Ohne die Verfallsgeschichte des Abschiedsgrußes hier nachzuzeichnen, lassen sich die gegenwärtig praktizierten bildlichen Gebärden in Trennungssituationen als Schrumpfformen ehemals üblicher komplexer symbolischer Handlungen bezeichnen: das knappe »Tschüß«, das betont lässig gesagte »Mach's gut« – und beides meist als rascher Zuruf aus dem startenden Auto heraus. Der Abschied nach längeren Gruppenprozessen findet immer häufiger auf dem Parkplatz statt. Kaum jemand winkt noch, und wenn es jemand tut, wer nimmt dazu ein Taschentuch, und wenn, dann höchstens eines, das »Tempo« heißt. Wirklich Schluß gemacht wird eigentlich nicht mehr; seitdem das Telefon zur zivilisatorischen Grundausstattung gehört, heißt die Abschiedsfloskel: »Ich ruf mal an.«

Die Verarmung von finalen Ausdrucksformen ist ein Ergebnis gesellschaftlichen Wandels. Es gibt dafür viel Gründe: Die dominante »Time-is-Money-Mentalität« förderte die Verkürzung ehemals längerer Zeremonien. Die Norm moderner Gesellschaften, aufgeklärt und rational zu handeln, verhindert die Ausschmückung sozialer Arrangements wie das einer längeren Verabschiedung. Und das lebens-

---

17 Seitdem ein Klopapierhersteller sein Produkt sinnigerweise »Servus« benennt, kann man dies zum Abschied sogar nicht mehr nur leise sagen.

lange Lernenmüssen (Lernenwollen) macht den Abschied irgendwie überflüssig, man ist meist gleichzeitig in mehreren Bildungsgruppenprozessen oder fängt, nachdem man heute einen abschließt, morgen mit einem neuen an: »Warum denn weinen, wenn man auseinandergeht, wenn an der nächsten Ecke schon ein anderes Seminar ansteht.«

Aber – wie immer in einer pluralen Gesellschaft – gibt es auch Gegenbewegungen. Besonders in Veranstaltungen, die soziale Themen zum Inhalt haben, und in solchen, die verhaltensorientiert ausgerichtet sind (Trainings über mehrere Tage), kann man erleben, daß die Ausdrucksformen in Wort und Gebärden, wenn schon nicht unbedingt reicher, so doch sozial direkter sein können. Die Umarmung, der Wangenkuß und das bei Politikern beliebte Schulterklopfen sind »neubarocke« Formen einer Zeremonie des Abschieds.

Unabhängig von den Formen, die heutzutage den rasch wechselnden modischen Tendenzen der Variabilität unterliegen, gibt es ein fundamentales menschliches Bedürfnis, Trennung durch Verabschiedung auszudrücken. G. Bruns erklärt dieses:

»Ähnliche Rituale wie bei der Begrüßung laufen beim Abschied ab: Händeschütteln, Umarmung, Kuß; zusätzlich ein kürzeres oder längeres Winken. Im allgemeinen halten die abschiednehmende und die zurückbleibende Person diese verschiedenen Gesten synchron und in gleicher Weise ein. Diese simultane, parallelisierte motorische Aktivität dient einer weitgehenden wechselseitigen Identifizierung, die den jeweils anderen als internalisiertes Objekt erhält. Die Trennung führt so nicht zum Verlust des Objektes. Für den Moment des Abschiednehmens kann sogar durch das Spiegelverhalten des Gegenübers die Illusion der Verschmelzung und der Auflösung der Subjekt-Objektgrenzen in der Symbiose erlebt werden. Die Abschiedsrituale können so als Versuch betrachtet werden, das Erlebnis eines schmerzlichen Objektverlustes zu umgehen, indem für einen kurzen Moment ein narzißtisch beglückender Zustand der Verschmelzung empfunden wird und das verlassene oder verlorene Objekt durch Identifizierung verinnerlicht und damit weiterhin präsent erhalten wird (...). In unseren alltäglichen Verabschiedungen finden sich regelmäßig zumindest zwei Ebenen: die funktionale der Einhaltung des gemeinsamen Rituals und die affektive des identifikatorischen Austausches. Ihre jeweils unterschiedliche Beachtung löst abgestufte Empfindungen in und nach Abschiedssituationen aus. Sie hängen, neben dem Grad der Wertschätzung für die andere Person, eben auch von der Gestaltung des Abschieds ab. Als Ausdruck der Feindseligkeit wird die völlige Verweigerung eines Abschieds-

grußes empfunden, als eventuell schmerzlich, aber befriedigend und verbindend eine Verabschiedung, bei der neben der Einhaltung der äußeren Form Nähe und Anteilnahme spürbar werden. Zwischen diesen Polen bewegen wir uns und variieren die Aussage durch Betonung oder Zurücknahme des einen oder anderen Aspektes. Vorbewußt, vielleicht auch bewußt vermitteln und erleben wir in feinen Schattierungen Sympathie oder Antipathie, Übereinstimmung oder Differenz. Der Gruß dient damit dem subtilen Ausdruck der affektiven Tönung unserer sozialen Beziehungen.« (G. Bruns 1988, S. 631/635/636)

Die Formen wechseln: »Tschüß«, »Ciao« und »Hallo« (amerikanisch ausgesprochen) haben »Auf Wiedersehen«, »Lebewohl« »alles Gute« und »Ade« als sprachliche Abschiedsgesten abgelöst. Aber auch dadurch hat sich die Funktion und der Sinn dieser Handlungen nicht verändert. Dies gilt auch für die heutige Zeit, in der der Wunschcharakter der traditionellen Formeln im modernen Interaktionsritual nicht mehr deutlich zum Ausdruck kommt und in der man mehr Wert auf Etiketten als auf Etikette legt. Zur symbolischen Bewältigung der Situation können (und wollen) wir nicht auf die kleinen Zeremonien des Abschieds verzichten. Sie sind die notwendige mikrosoziale Aktivität in Schlußsituationen von Gruppenprozessen, durch die und mit denen der Ausgang freigegeben wird.

Kleine Zeremonien 2
»Der Herr der Zeit«: Schlußworte

Rituale sind expressive, symbolträchtige und dadurch sozial-emotional äußerst wirkungsvolle Handlungs- und Darstellungsformen. Die Chance des Einflusses, die in solchen mikrokulturellen Arrangements stecken, haben sich die Mächtigen dieser Welt selten entgehen lassen. Insbesondere Schlußsituationen eignen sich zur Selbstproduktion von Macht und Mächtigkeit. Dies gilt nicht nur für die bekannt-berüchtigten Grabreden von Vereinsvorsitzenden, die inszeniert werden, als handle es sich um bewunderswerte Sonnenuntergänge, die aber auf die Teilnehmer von Trauerfeiern häufig eher wie ein zur Flucht animierender Platzregen wirken.[18] Ebenso sind staatlich verordnete Trauerrituale immer auch Machtdemonstrationen (die Nationalsozialisten haben diese Form verordneter Trauer exzessiv zelebriert).

---

18 Wenn man der Verführung nicht widerstehen kann, in solchen Situationen wie ein Pfau aufzutreten, dann sollte man zumindest auch dessen Schweif ästhetisch reproduzieren.

Dort, wo Zeit strukturiert wird, wo Übergänge vollzogen werden, tauchen die Mächtigen auf und übernehmen die Führung und/oder inszenieren jene Macht, die sie haben oder zu haben glauben.

Dies tun sie nach einem alten Muster – heute etwas verfeinert. Julius Bernhard von Rohr, der 1729 seine »Einleitung zur Ceremoniel – Wissenschafft der großen Herren« in Berlin veröffentlicht hat, beschreibt deutlich die den Schlußworten zugrundeliegenden Absichten:

»... Der gemeine Mann, welcher bloß an den äusserlichen Sinnen hängt, und die Vernunfft wenig gebrauchet, kan sich nicht allezeit recht vorstellen, was die Majestät des Königes ist, aber durch die Dinge, so in die Augen fallen, und seine übrigen Sinne rühren, bekommt er einen klaren Begriff von seiner Majestät, Macht und Gewalt.«

Man kann bei einer Gruppenbeobachtung sicher sein – auch wenn man kein Gruppenmitglied kennen würde – derjenige (seltener: diejenige), der den Anfang und das Ende gestaltet, hat die Macht. In Situationen potentieller Destabilisierung sorgen die Mächtigen für den Erhalt der Ordnung; und das ist meist jene Ordnung, die ihnen ihre herausragende Position garantiert.

Am Ende von Bildungsveranstaltungen erscheinen, dieser Logik folgend, z.B. die Institutionsvertreter. Sie halten eine »kleine« Rede und verabschieden Dozenten/Dozentinnen, Teilnehmer und Teilnehmerinnen. Es kommt der Firmenchef zum Abschluß einer innerbetrieblichen Fortbildung; es kommt der Leiter der örtlichen Volkshochschule und beschließt »das so erfolgreiche Semester«; es teilt der zuständige Pfarrer am Ende den Seminarteilnehmern der kirchlichen Erwachsenenbildung »seinen Segen« aus; und kein Rektor einer Schule läßt es sich entgehen, die Abiturienten, die er häufig gar nicht kennt, freundlich zu verabschieden; und es findet auch kein Parteitag ohne die weitblickenden Sententia ultima des Vorsitzenden ein mehr oder weniger gelungenes Ende.

Wir haben es jedoch heute nur mehr mit »kleinen Schlußworten« zu tun. Deshalb sind sie ja auch so lästig – ihnen fehlt der barocke Unterhaltungswert. Wie man bei M. Hawlik-van de Water (1989) nachlesen kann, erleben wir in unserer Zeit nur mehr Persiflagen wirklich großer Schlußworte. So z.B. hielt der Jesuit und Hofprediger Philiberto Boccabella (welch ein Programm bereits als Name!) anläßlich des Begräbnisses von Ferdinand III. in der Wiener Hofkirche eine über zwei Tage dauernde Leichenrede. Es ist einem demokratisch gesinnten Bildungsarbeiter unserer Tage allerhöchstens nur mehr erlaubt, von einer solchen ›laudatio

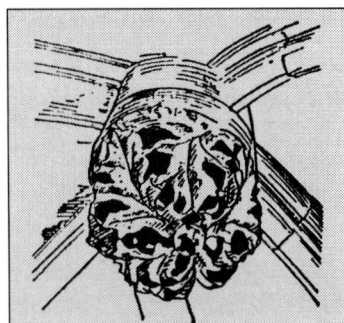

Gotischer Schlußstein, aus Blattwerk zusammengesetzt

»Schlußstein.

Zur Schlußsteinlegung wird der Bauherr eingeladen und gibt etwas zum besten. Wird ein gewölbter Keller gebaut, muß der Bauherr den Schlußstein mit einem Hammer, dessen Stiel mit einem roten Band umwunden ist, setzen. Alle Arbeiter zählen die Schläge nach, für jeden Schlag muß er eine Maß bezahlen. Beim Backofenbauen schlägt die Frau den letzten Stein ein.«

(Wörterbuch der Kunst 1989, S. 760)

funebris‹ zu träumen. Dagegen ähneln die heutigen Schlußworte den ewigen Sonnenuntergängen aus den Werbespots.

»Man darf annehmen, daß die Mechanismen der Hervorhebung eingesetzt werden, wenn die gesellschaftlichen Positionen aufgrund sozialer Rollenvielfalt ambivalent werden und im Rahmen der bestehenden Gesellschaft einer Bestärkung bedürfen. Die Hervorhebung einzelner sozialer Rollen ist ein alltägliches Phänomen«, so R. Da Matta in seiner Analyse von Trennungsritualen (1990, S. 57). Sie alle, die dies tun, schließen an eine lange und erfolgreiche Tradition an (deshalb funktioniert dies auch so gut). U.a. an jene der Bauherrn, die es sich nicht nehmen lassen, den Schlußstein zu setzen (auch Frauen, siehe folgendes Zitat, wird dies in bestimmten Situationen erlaubt). Man kann das im Handwörterbuch des Deutschen Aberglaubens (Bd. III Berlin/Leipzig 1930/31) nachlesen.

Der Schlußstein ist eine treffende Metapher für das, was da an Versteinertem im sogenannten Schlußwort präsentiert wird. Aber es kommt ja nicht darauf an, was gesagt wird, sondern daß jemand Besonderes etwas sagt. »Das«, so Goethe in »Philostrats Gemälde«, »worauf es im Symbol ankommt, ist mit Worten gar nicht auszusprechen.«

Kleine Zeremonien 3

Es war sehr schön, es hat mich sehr gefreut F. Joseph I.

Vom österreichischen Kaiser Franz Joseph, der das höfische Zeremoniell bis in unser Jahrhundert hinüberzuretten versuchte, wird erzählt, daß er die Formel »Es war sehr schön, es hat mich sehr gefreut« als zeremonialen Bewältigungsmechanismus für Dankesbezeugungen in Abschiedssituationen benutzte (und dabei den ihm Blumen überreichenden, verängstigten kleinen Mädchen generös über den Kopf strich). Das Umsetzen des Bedürfnisses, Dank auszudrücken, gehört zur gefühlsregulierenden sozialen Architektur von Schlußsituationen. Der Dank ist, ebenso wie die vorher geschilderten rituellen und zeremonialen Handlungstypen, eine Form, um Bindungen sichtbar zu machen und sie gleichzeitig zu lösen. Im Dank zahlt man einen Teil dessen ab, was man glaubt »schuldig« zu sein. Der Dank befreit.

60

In der Bildungsszene geschieht dies meist verbal, häufig dadurch, daß ein Gruppenmitglied stellvertretend für alle den Dank an die Leiter und Leiterinnen von Veranstaltungen ausdrückt; und so mancher Teilnehmer, manche Teilnehmerin bekräftigt dies dann (händeschüttelnd) in der individuellen Aufbruchsphase durch die Formel »es hat mir viel gebracht«. Solche Geschenke darf sogar ein treuer Staatsbeamter annehmen; und er sollte es auch, um der Gruppenmitglieder willen. Ab und zu geschieht es dann auch einmal, daß man neben dem vereinbarten Honorar (das man ja nur mehr selten am Abschluß von Veranstaltungen in die Hand gedrückt bekommt, das vielmehr meistens, in emotionaler und zeitlicher Distanz zum Kursgeschehen, irgendwann per Überweisung auf dem Bankkonto landet) eine Flasche Wein, ein Buch, Süßigkeiten oder sonst ein Geschenk erhält. Diese Dinge erhalten zwar die Freundschaft, aber sie lösen sie auch – und zwar freundschaftlich. Deshalb kann man solche »Sinn-Bilder« als Gruppenleiter/Gruppenleiterin durchaus annehmen, ohne sogleich die ängstigende Phantasie bekommen zu müssen, damit sollten Bindungen aufrechterhalten werden, die man nicht über das Kursende hinaus erhalten wissen will. Man kann diese Gaben auch als traditionelle kulturelle Bewältigungsmuster verstehen, z.B. als eine erwachsenenpädagogische Form des Erntedankes – oder als Wiederauflage des »Betthupferls« (mit umgekehrten Vorzeichen), das die Trennung von den Eltern jeden Abend neu versüßt hat.

Auf keinen Fall vergessen: *... and when the music's over*
                               turn out the light...
                               (Jim Morrison)

»Und es gibt noch mehr ...«

Es existieren darüber hinaus noch weitere kulturell geprägte Arrangements zur Bewältigung von Trennungssituationen in Gruppen.

–   Der *Adressentausch* (Visitenkarten werden immer beliebter), bei dem man versucht, ein Stück von jedem Gruppenmitglied mitzunehmen, ist ein recht verbreitetes Problembearbeitungsmuster in der Bildungsszene.
–   Eher selten trifft man das *demonstrative Trauerweinen* an. Zwar hat Thales die Philosophie mit dem Satz: »Alles ist Wasser« begründet – aber heute ist man diesen Ursprüngen doch weitgehend entfremdet. Tränen sind in einer Gesellschaft, die dem Kontrollierten und Erfolgreichen huldigt, eher diskriminierend

»Brautmutter war die Eule, nahm Abschied mit Geheule.«

61

und – meistens ist der Abschied von sozialen Lehr-/Lernprozessen so traurig nun auch wieder nicht.

– Im Gegensatz dazu sind *Reinigungsrituale* üblich. Sie werden sozial erwartet. Dazu gehört z.B. das gemeinsame Aufräumen der Gruppen- bzw. Seminarräume; dazu gehört die Pause am letzten Vormittag, um die Zimmer zu »räumen«, das Abwischen der Tafel, das Einpacken der Flipchart-Blätter und der Moderationskärtchen, und wenn dann auch noch die Pflanzen gegossen werden, ist man der Anerkennung jener sicher, die für die Kontinuität im Hause sorgen. Früher, als die Gastfreundschaft noch ausgeprägter war, zeigte sich dieses Ritual teilnehmerfreundlicher, da gab es u.a. die ländliche Sitte, daß man nicht fegen darf, solange die Abreisenden noch in Sichtweite waren.

– Den Abschluß des Abschieds bildet vielfach das Säuberungsritual eines (individuell realisierten) Bades. Dabei kann man sich dann vieles Unangenehme abwaschen und dem Schaum wie neugeboren entsteigen.

So gelingen Übergänge.

Andere Länder, andere Sitten:

Die Sitte, zu Ehren eines Toten alles kurz und klein zu schlagen, schildert höchst ergötzlich in der 39. der Tausendundein Nächte der Sklave Kafur, der »lügende Scheisskerl«; er bringt die Lügenbotschaft vom Tode seines Herrn nach Hause. Grosses Geschrei, Kleiderzerreissen, Gesichterschlagen. »Und die Frau meines Herrn«, so erzählt es der Schädling voll Schadenfreude, »warf die Einrichtung des Hauses um, eins übers andere, riss die Wandbretter herab und zerbrach die Fenster und Läden, beschmierte die Wände mit Lehm und blauer Farbe und rief: ›Heda, Kafur! Komm, hilf mir und reisse hier den Schrank um, zerbrich die Gefäße und das Porzellan und alles andere dazu!‹ So trat ich zu ihr und riss mit ihr die Wandbretter herunter samt allem, was darauf war; ich ging auch auf dem Dache herum und überhaupt in jede Ecke und zerstörte alles, zumal was in dem Hause an Porzellan und ähnlichem Gerät vorhanden war, bis ich alles, aber auch alles zerschlagen hatte.« Wie sich der heimkehrende Hausherr dann freute, lese man selber nach.

(K. Meuli 1946, S. 106/107)

Lucky Luke. Les Daltons en Cavale. 1983

Exkursion: »Grenzüberschreitungen«

Trennungssituationen sind Übergänge und Übergänge sind Grenzüberschreitungen. Diese kann man legal und illegal machen. Man kann sich an die Vorschriften halten oder gegen sie verstoßen. (Wenn schon Grenzüberschreitungen, dann überschreitet man ganz gerne die des Gesetzes gleich mit: So stellen sich die nicht-deklarierten zehn Flaschen Wein unter dem Rücksitz des Autos als der Gipfel kleinbürgerlicher Abenteuerlust dar, an der die gesamte Familie zitternd Anteil nimmt). Daß es bei Grenzüberschreitungen um Identitätsprobleme geht, wird uns von den Grenzbeamten demonstriert. Sie wollen unseren Personalausweis (der in Frankreich carte d'identité heißt) sehen. Identität wird so geprüft und bestätigt. An der Grenze weiß man, wer man ist, während das sonst im Leben häufig weniger klar ist.

Kennzeichen in unserer modernisierten Moderne ist die deutliche Zunahme räumlicher, sozialer und zeitlicher Mobilität. Diese nötigt uns zu permanenter Grenzüberschreitung. Riten und Zeremonien waren es (und sind es teilweise auch noch), mit denen die Destabilisierungsprozesse des Soziallebens, durch »den

Schritt über die Schwelle« aufgefangen und abgefedert wurden. Das Alte und das Neue wurden so zusammengebracht. A. van Gennep (französisch 1909, deutsch 1986) hat dies in einem sehr lesenswerten Buch »Übergangsriten« (rites de passage) genannt. Er hat die Trennungssituationen in einer differenzierten Stufenfolge von rituellen Handlungen beschrieben:

»Deshalb schlage ich vor, Riten, die die Trennung von der alten Welt gewährleisten sollen, als Trennungsriten zu bezeichnen, Riten, die während der Schwellenphase vollzogen werden, Schwellen- bzw. Umwandlungsriten zu nennen, und für Riten, die an die neue Welt angliedern, die Bezeichnung Angliederungsriten zu gebrauchen.« (1986, S.29)

In einer Hochgeschwindigkeitsgesellschaft, wie der unseren, fehlt vielfach die Zeit für diese sinnvolle Abfolge gefühlsregulierender sozialer Architektur. Das Ende des Alten und der Anfang des Neuen fallen häufig zusammen: Trennungen und neue Anbindungen geschehen ohne zeitliche Zäsur. Wir bewältigen unsere Übergänge im Dauerlauf und werden tendenziell »grenzenlos«. Das macht uns alle zu Grenzlandbewohnern (ohne dafür subventioniert zu werden). Falls dies ein Fortschritt ist, dann sicher nur ein halber.

Gruppenleiten am Schluß

Aufhören kann jeder, Schluß machen nicht

Ob und in welcher Weise sich eine Gruppe trennt, in welcher Form ein kollektiver Bildungsprozeß beendet wird, das hängt in einem nicht zu unterschätzenden Ausmaß von der Gruppenleitung ab. Zuallererst wird dies durch die Grundeinstellung von Dozenten und Dozentinnen, Trainern und Trainerinnen bestimmt, ob sie selbst »Schluß« machen wollen, ob ihnen die Trennung von den Teilnehmern und Teilnehmerinnen wichtig ist. Diese Einstellung drückt sich letztlich im Grad der Abhängigkeit/bzw. der Unabhängigkeit aus, wie man die Teilnehmer der Gruppe und sich selbst erleben, erfahren und sehen will.

Falls es bisher noch nicht ausreichend deutlich geworden sein sollte: Ich plädiere für eine möglichst große, bewältigbare Unabhängigkeit der Teilnehmer am Ende von Gruppenprozessen. (Sonst hätte ich mir die Arbeit an diesem Buch sparen können, denn abhängig macht man die Teilnehmer als Gruppenleiter, indem man überhaupt nicht Schluß macht.)

Eine *erste* und wichtige Aufgabe von Leitern und Leiterinnen von Gruppen ist es daher, den Beteiligten »reinen Wein« über die Dauer des gemeinsamen Prozesses einzuschenken: d.h. die Reduktion von falschen Hoffnungen, von illusionären Erwartungen hinsichtlich des zeitlichen Zusammenseins, und die Verminderung der Sehnsucht, das Ende abzuwenden.

Zweitens bedeutet dies, die Dynamik des Abschieds in Gruppen (auch) als soziale Dynamik zu verstehen. Es geht um den Schluß als gemeinsames und öffentliches Ende, und es geht nicht darum, den Abschied zu individualisieren.[19]

19 Diese Individualisierung des Endes liegt jedoch im Trend der gesellschaftlichen Entwicklung. Der Tod verschwindet mit wachsendem Einfluß des Bürgertums aus dem Alltag unserer Gesellschaft ins Einzelzimmer des Krankenhauses. Er wurde und wird privatisiert. Georges Duby und Ph. Ariès schilderten dieses: »Die schönen Tode in jener Zeit sind Feste; sie entfalten sich wie auf einer Bühne vor einer Vielzahl von Zuschauern, von Zuhörern, die jede Geste, jedes Wort aufmerksam verfolgen, die vom Sterbenden erwarten,

Eine der interessantesten Kompromißlösungen zwischen der Realität des Fahrplanes und der Ideologie des Sitzfleisches ist folgende Ankündigung des Endes (aus dem Programm der Veranstaltung einer Bundestagsfraktion):

Ab 12.15 Uhr:
Gemeinsames
Mittagessen (Mensa)

13.30 – 16.00 Uhr:
Plenumsdiskussion (Aula)

Gegen 16.00 Uhr:
Offenes Ende

Übernimmt man Verantwortung (Führung) für die Gruppe, zeigt sich diese gerade auch am Ende des Gruppenprozesses. Diese Verantwortung würde dann abgegeben (besser: abgeschoben), wenn man das Problem des Schlusses individuell entsorgt. Z.B. wenn jeder/jede auf seine/ihre Art und Weise damit fertig werden soll. Dies hat eine unverzichtbare Voraussetzung, daß man nämlich der Gruppe eine eigene Qualität zuschreibt und sie nicht nur als Summe individueller Qualitäten versteht. Das diesbezügliche Wahrnehmungs- und Denkmodell ist das der Situation. Man muß in Situationen denken, und dies gilt besonders für Leiter und Leiterinnen von Gruppen. Man muß auf Situationen hin planen. Anfangs- und Schlußsituationen sind dabei besonders wichtig.

Drittens: Für die Gestaltung und die Bewältigung von Schlußsituationen in Gruppen benötigt man Zeit. Das fängt damit an, daß man sich Zeit für die Planung der Organisation von Schlußsituationen nimmt, und das hört schließlich damit auf, daß genügend Zeit für die Realisierung der Schlußphase zur Verfügung gestellt wird.[20] Es ist dabei gegen den gesellschaftlichen Trend anzugehen, den Tod (den eigenen und den der anderen) so rasch wie möglich hinter sich zu bringen. Schneller Wechsel, rasche Übergänge sind schlechte Abwehrformen gegen Verlustangst und Trennungsschmerz.

Der rastlose, hastige Sprung in die nächste Gruppensituation ist auch ein Indiz dafür, Trennungen nicht bewältigen zu können. Übergang, die Verbindung von Vergangenheit und Zukunft, benötigt Zeit, um sich als sozialer Übergang auszu-

daß er zeigt, was er gilt, daß er seinem Rang gemäß spricht und handelt, daß er denen, die ihn überleben werden, ein letztes Beispiel von Tugendhaftigkeit hinterläßt.« (Duby 1986, S. 7) und »Der Sterbende durfte seines Todes nicht beraubt werden. Ebenso mußte er dabei das Heft in der Hand behalten. Wie man öffentlich geboren wurde, so starb man auch öffentlich, und nicht nur als König, wie aus dem berühmten Text von Saint-Simon über den Tod Ludwigs XIV. ersichtlich ist, sondern auch als beliebiger Bürger. Wieviel Stiche und Bildwerke stellen nicht diese eine Szene dar! Sobald jemand krank ›auf dem Sterbebett‹ ruhte, füllte sich das Zimmer mit Leuten, Angehörigen, Kindern, Freunden, Nachbarn oder Mitgliedern von Bruderschaften. Die Fenster und Vorhänge wurden geschlossen. Man zündete Kerzen an. Wenn auf der Straße Passanten dem Priester begegneten, der das Viatikum trug, wollten es Brauch und fromme Sitte, daß sie ihm ins Zimmer des Sterbenden folgten, selbst wenn der ihnen unbekannt war. Das Nahen des Todes verwandelte das Sterbezimmer mithin in eine Art öffentlichen Versammlungsraum.« (Ph. Ariès 1976, S. 161)

20 Für Bildungsprozesse im Rahmen der psychoanalytischen Therapie hat E. Glover (1954) gefordert, daß jede Beendigung eine »dynamical terminal phase« haben müsse. Das sollte für alle (gruppenorientierten) Bildungsprozesse gelten.

drücken (z.B. durch Formen, wie sie weiter vorne dargestellt wurden). »Die Menschen müssen sich Zeit nehmen (und ihnen muß Zeit gegeben werden, ergänze ich), um ihren eigenen Triebregungen und ihrer Bestürzung Ausdrucksmöglichkeiten zu verschaffen«, schreibt O. Negt (1990, S. 40) im Hinblick auf die Fähigkeit zur Trauer. Und er fährt fort: »Wo keine Muße ist, ist auch keine Trauer. Erst wenn es möglich ist, daß die von uns mit Gefühlsreichtum besetzten Menschen und Dinge Beziehungsarbeit herausfordern, wenn wir ihren Verlust zu beklagen haben, wird sich mit dem Verhalten zum Tod gleichzeitig das zur Trauer und zur Lebenszeit verändert haben.« Nur so geht es, daß der Trennungsschmerz in Freude am Neuen, in Neugier aufs Kommende übergeht und sich neues Arbeitsvermögen entwickelt.

Und dies bedeutet als *Viertes*, daß in dieser Zeit des Schlusses etwas entwickelt und gefunden wird, das einerseits das nur passive Erdulden von Trennung und Abschied vermeidet, ebenso aber auch das instrumentell beherrschende Machen und Entsorgen. Nur für die Buchhaltung gilt, daß die Schlußstriche sauber zu sein haben. Es geht in Schlußsituationen auch nicht mehr um eine möglichst präzise Vermittlung von Erkenntnissen und Detailwissen, es geht um Erfahrungen und um Erlebnisse sowie die Entwicklung, die Verarbeitung und das Ausdrückenkönnen von Gefühlen und Stimmungen. Deshalb sind Schlußsituationen in Gruppen auch nur beschränkt didaktisch vorab konstruierbar. Die Trennungsdramaturgie ergibt sich immer auch in und aus der aktuellen Situation. Die Praxis erst gibt dieser ihren Sinn.

Diejenigen, die in Gruppen Leitungsfunktionen übernommen haben, sollten dafür sorgen, daß genügend Freiräume für die nur zum Teil absehbaren Trennungsdynamiken zur Verfügung stehen. Lege ich meine eigenen (langjährigen) Erfahrungen in und mit Gruppen zugrunde, so komme ich zu folgendem Resümee: Es gibt keine Musterkonzeption für Abschlüsse in sozialen Situationen; es gibt auch keine Literatur (oder sonstwie gesammelte Erfahrungen), die alle Probleme, alle Dynamiken, die bei Schlüssen entstehen, mit dem Anspruch auf Vollständigkeit ausweist (auch dieses Buch tut es nicht). Was man aus Büchern, Schriften und Erfahrungen (eigenen und fremden) lernen kann, ist eine erhöhte Sensibilität beim Wahrnehmen und beim Bearbeiten der sozialen Probleme. Und genau diese benötigt man beim Leiten von Gruppen bis zu deren Ende.
Es kommt darauf an, eine Balance zwischen Vorgaben und Offenheit zu entwickeln. Auf den Einsatz von Ritualen bezogen, bedeutet dies, einen Weg zu suchen (und zu finden) zwischen der Ablehnung jeder rituellen Form einerseits und einer Anpassung an jedes beliebige Ritual auf der anderen Seite. Dies ist gewährleistet,

wenn die Leitung ein Ritual mit der Absicht anbietet, die Fähigkeiten zur selbst-
regulativen Bewältigung der Lebenswelt ›Schlußsituation‹ bei den beteiligten
Gruppenteilnehmern zu stärken. So wie dies dem sterbenden Bauern in der Fabel
(›fabelhaft‹ eben) gelingt.

»*Dieser sagt seinen Kindern, in seinem Acker läge ein Schatz vergraben. Sie
graben daraufhin den Acker überall ganz tief auf und um, ohne den Schatz zu
finden. Im nächsten Jahre aber trägt das so bearbeitete Land dreifache Frucht.
Den Schatz werden wir nicht finden, aber die Welt, die wir nach ihm durchgraben
haben, wird dem Geist dreifache Frucht bringen – selbst wenn es sich in Wirklichkeit nicht um den Schatz gehandelt hätte, sondern darum, daß dieses Graben die
Notwendigkeit und innere Bestimmtheit unseres Geistes ist.*« (G. Simmel in: H.O.
Luthe 1985, S. 19)

A kiss is just a kiss

Prüfungen:
Das Macht-volle Ende

Die Geschichte unseres Bildungswesens ist die Geschichte einer zunehmenden Institutionalisierung unserer Bildungsarbeit. Damit einher ging, speziell im sich modernisierenden Europa, die Einführung von hierarchisch abgestuften Examina.[21] So gehört es heute zur allgemeinen Tendenz von Industriegesellschaften, daß sie über Prüfungen Berechtigungsscheine für Berufschancen vergeben bzw. verweigern. Dieser Prozeß ist nicht nur nicht abgeschlossen, er verstärkt sich. Die Erwachsenenbildung (Weiterbildung) ist gegenwärtig (und wohl auch zukünftig) das Zentrum dieser Expansion. Eine Pressemeldung der Bundesanstalt für Arbeit (von 1987) bestätigt die gegenwärtige und zukünftige Attraktivität der Gütesiegelfunktion von zertifizierten Prüfungen:

»Formale Bildungsnachweise werden immer wichtiger. Arbeitnehmer ohne Zeugnisse über abgeschlossene formale Bildungsgänge haben es zunehmend schwerer. Wie aus einer vom Institut für Arbeitsmarkt- und Berufsforschung der Bundesanstalt für Arbeit veröffentlichten Untersuchung hervorgeht, ging der Anteil der Personen ohne formalen beruflichen Ausbildungsabschluß an allen Erwerbstätigen von 1976 bis 1982 von 35,2 Prozent auf 28,7 Prozent zurück. Bei den unter 40jährigen Erwerbstätigen zählen sogar weniger als 20 Prozent zu den nicht formal Qualifizierten. Mit dem Nachrücken jüngerer Jahrgänge wird sich dieser Trend noch verstärken. Die Quote könnte nach Ansicht der Berufsforscher künftig nahe bei 10 Prozent liegen.«

Prüfungen, das läßt sich bei Max Weber nachlesen, sind das Produkt einer zunehmenden bürokratischen Organisation. Sie legitimieren sich daher primär über ih-

---

21 Die Antike, die bereits so gute Bildungsarbeit leistete, daß diese mancherorts heute noch als Vorbild dient, kannte keine Examina. Das Prüfungswesen, ohne das wir kaum mehr auszukommen glauben, entwickelte sich, abgesehen von Vorläufern, erst im 19. Jahrhundert. Heute gilt fast flächendeckend: »Drum prüfe, wer sich endlich löset.«

ren gesellschaftlichen Verwertungszusammenhang, und in diesem sind sie als Mittel der öffentlichen Anerkennung von Qualifikationen heute unverzichtbar.

Soweit der »Rahmen« für das, was hier im thematischen Zusammenhang von Schlußsituationen diskutiert werden soll. Solange Bildungsprozesse mit Selektionsprozessen, und d.h. mit den primär staatlich geregelten Berechtigungssystemen gekoppelt sind, führt kein Weg an Prüfungen innerhalb des Bildungssystems vorbei. Das aber ist nicht als Rechtfertigung des zur Zeit bestehenden Prüfungssystems und noch weniger als Bestätigung der Art und Weise, wie Prüfungen bei uns durchgeführt werden, zu verstehen. Im Zusammenhang unseres Themas ist hingegen eine andere Frage zentral: *»Sind Schlußsituationen geeignet, um Prüfungen sinnvoll durchzuführen?«*

Bereits diese Frage ist, sieht man sich die Alltagspraxis an, eine Provokation. Es scheint nämlich einem sozialen Naturgesetz nahezukommen, daß Prüfungen am Abschluß von Bildungsprozessen zu stehen haben. (Vielleicht ist das auch nur die pädagogische Konsequenz deutscher administrativer Tradition, den Tag mit der Polizeistunde abzuschließen.) Nun gut, es gibt für Prüfungen in Schlußsituationen einige Argumente, speziell aus inhaltlicher und teilweise auch aus motivationaler Sicht. Es gibt jedoch eine Menge Gegenargumente, wenn man eine *situationsorientierte* Perspektive einnimmt.

Versteht man unter Prüfungen jene Maßnahmen, die dazu dienen, den Bildungsstand von Menschen festzustellen und zu beurteilen, dann läßt sich diese Absicht innerhalb der Dynamik von Schlußsituationen äußerst schlecht verwirklichen.
Die emotionale Belastung aller Beteiligten bei Abschlüssen steht einer soliden Bewertung dessen, was die Gruppenmitglieder wissen und können, entgegen. Für die in Prüfungen geforderten kognitiven und psychomotorischen Leistungen steht am Ende von Gruppenprozessen nur mehr ein reduziertes Energiepotential zur Verfügung, da ja auf der psychosozialen Ebene Trennung und Trauer be- und verarbeitet werden müssen. Die Rationalität der geforderten Leistung kollidiert mit der affektiven Belastung in der konkreten Situation.[22] In der Prüfung erfolgt gerade keine produktive Trennungs- und Distanzierungsarbeit; vielmehr wird gewaltsam getrennt und distanziert. Die Auflösung der sozialen Gemeinschaft er-

22 Daß dies nur eine Pseudo-Rationalität ist, bei der die triebhaften Elemente nur mühsam zurückgehalten werden können, zeigt z.B. der in England früher notwendige Schwur eines Prüflings, sich nach der Prüfung nicht am Prüfer zu rächen. Auch war der Prüfling verpflichtet, vor der Prüfung seine Waffen abzugeben.

folgt durch autoritäre (Abhängigkeiten provozierende) und disziplinierende Aktionen und führt zu Entsolidarisierung und erhöhtem Mißtrauen. Die Prüfung als Abschluß eines Bildungsprozesses reduziert nicht etwa, sondern potenziert das Bedrohende der Trennung. So etwa erlitt beispielsweise, wie M.L. Moeller (1972, S. 8) beschreibt, »eine Studentin panische Angst, weil sie den mütterlichen Schutz der Universität (der Alma mater!), die ihr den einzigen Halt bot, durch die Prüfung zu verlieren drohte. Persönlichkeiten mit depressiver Veranlagung entwickeln diese Verlassenheitsangst in der Prüfung am stärksten.«

Nicht ganz von der Hand zu weisen ist der Verdacht, daß so manches Prüfungsergebnis deshalb schlecht ausfällt, weil der (oder die) Geprüfte sich nicht trennen will oder kann, oder auch, weil der Prüfer nicht will, daß er von jenen, die er prüft, anschließend verlassen wird. »Prüfer, die in der Prüfung etwa eine gefährliche Trennungssituation sehen, versuchen nun, diese Trennung, d.h. in diesem Falle das Bestehen des Prüflings, zu erschweren. Sie verhalten sich wie Mütter, die ihr Kind nicht loslassen können.« (M.L. Moeller 1972, S. 9) Dies mag auf den ersten Blick spekulativ erscheinen, unter soziodynamischer Sicht ist es jedoch plausibel und bedenkenswert.
Das alles läßt die These wahrscheinlich werden, daß Abschlußprüfungen *auch* die Funktion haben, die Abwehr gegen die affektive Betroffenheit in Schlußsituationen zu verstärken. Sie funktionieren als »Diskurskontrolle« (M. Foucault). Problematisch ist diese Form der Abwehr, weil sie die Ausnahmesituation »Schluß« mit der Ausnahmesituation »Prüfung« zu unterdrücken versucht, und weil sie dies über eine Steigerung von teils unkontrollierter (aber institutionell abgesicherter) Macht tut. »Die Prüfung kombiniert die Techniken der überwachenden Hierarchie mit denjenigen der normierenden Sanktion.« (M. Foucault 1977, S. 238) Dies bedroht die Identität der Beteiligten in einer identitätslabilen Situation.

Zusätzlich problematisch ist es, daß durch Prüfungen (ob schriftlich oder mündlich) in Abschlußsituationen die Lehr-/Lerngemeinschaft auseinandergerissen wird. Das einzelne Gruppenmitglied wird isoliert, die gewachsene Gemeinschaft wird nicht »weich« aufgelöst, sondern »hart« zerstört. M. Pagés (1974, S. 258/259) beschreibt die Attraktivität dieser Inszenierung »Trennung durch Prüfung« (in der Hochschule), die es letztlich auch schwer macht, Alternativen zu entwickeln und durchzusetzen:

»Der Examensvorgang erleichtert die Trennung, indem er an die Stelle des Trennungsschmerzes weniger schmerzliche Gefühle treten läßt, wie die Hoffnung zu

bestehen oder die Angst durchzufallen – Gefühle, für die sich außerdem leichter eine rationale Rechtfertigung finden läßt. Wir sind der Ansicht, daß diese Interpretation selbst dann zutrifft, wenn es zwischen den Studenten oder zwischen Studenten und Professor keine Gemeinschaft gibt, denn die Abwehrmechanismen gegen die Beziehung und die Trennung beschränken sich sicherlich nicht auf die Institution der Prüfung, sondern durchdringen die pädagogische Situation allgemein. Diese Interpretation bedeutet andererseits selbstverständlich nicht, daß das Examen neben seiner Abwehrfunktion nicht auch rationale Funktionen hätte, etwa die Information des Studenten über sich selbst oder die Herstellung von Beziehungen zwischen den Studenten und den Bezugsgruppen der erwachsenen Berufsausübenden.«

Die extreme Hierarchisierung der Kommunikation in Prüfungssituationen verhindert, daß das Gemeinsame zum Thema wird. Exkommuniziert wird hierdurch die *alle* Gruppenmitglieder (einschließlich der Leitung) betreffende Problematik, einen sozialen Prozeß von häufig längerer Dauer zu beenden. Insofern sind Abschlußprüfungen ein die realen Notwendigkeiten der Problembewältigung einschränkendes System (d.h. eine extreme Abwehrform gegen kollektive Gefühle). Außerdem unterdrücken sie die Subjektivität der Beteiligten und trennen von der Dynamik, die situativ zur Bearbeitung anliegt. »Letzten Endes«, so M. Foucault, (1977, S.247) »steht das Examen im Zentrum der Prozeduren, die das Individuum als Effekt und Objekt von Macht, als Effekt und Objekt von Wissen konstituieren«; und nicht – was für die Abschiedsdynamik notwendig wäre – als Subjekt von Erfahrungen.

Daß Prüfungen am Ende von Gruppenprozessen die Gruppenmitglieder ihres Abschlusses berauben, zeigen die verbreiteten Gefühle nach einem günstig verlaufenen Examen: Man meint »in ein Loch zu fallen«, irgendwie »leer zu sein«. Gesprochen wird von der »Melancholie der Erfüllung«. Orientierungslosigkeit, Langeweile, depressive Stimmungen sind die vorherrschenden emotionalen Befindlichkeiten.[23] Es ist, als hätte man etwas verloren. Und so ist es auch wirklich.

23 In der Schule erfährt das jeder Lehrer am Schuljahresende. Nach der Zeugniskonferenz ist kaum mehr Unterricht möglich und das größte Problem besteht darin, der gesetzlichen Vorschrift zu genügen, die Schulzeit irgendwie zu füllen. Im Zeitabschnitt zwischen Versetzungskonferenz und Schuljahresende sind Schule und Unterricht größtenteils auf ihre Funktion der Aufbewahrung von Schülern reduziert: »Ich habe seit zwei, drei Jahren die Erfahrung gemacht, wenn du die Schüler nach Versetzungskonferenzen in Ruhe läßt, nichts von ihnen willst, dann läuft es am besten. Ich kann meine Kurslisten ausfüllen, und

Plötzlich sind einem die teilweise langfristig aufgebauten sozialen Beziehungen abhanden gekommen. Nichts ist beendet, nichts hat sich abgerundet.

Was könnte verbessert werden?

Die Prüfungen abschaffen, das ist eine unrealistische und daher nicht die anzustrebende Alternative. Prüfungen machen ja nicht nur Angst, sie verleihen auch (vorausgesetzt, man besteht sie) Sicherheit und öffentliche Anerkennung. Die Etymologie des vom lateinischen »probare« (= untersuchen, anerkennen, besichtigen, Beifall schenken oder verschaffen) stammenden Wortes, macht bereits auf die Alternative aufmerksam. Damit diese auch sinnvoll realisiert werden kann, bedarf es u.a. eines situationsorientierten Einsatzes von Prüfungen.

Ein wichtiger Beitrag zu einer Reform bestünde in der Berücksichtigung situativer psycho- und sozioemotionaler Belastungen. Konkret hieße das: Prüfungen sollten in jenen Situationen durchgeführt werden, in denen die einzelnen Teilnehmer und die Gruppe als Ganzes nicht mit solchen Problembewältigungen beschäftigt sind, die die Arbeitsfähigkeit der Beteiligten reduzieren. Zu vermeiden wäre somit das Zusammentreffen von Prüfungs- und Trennungssituation. Und wenn solches schließlich wirklich nicht zu umgehen ist, dann sollte man wenigstens versuchen, im Anschluß an die Prüfung etwas Zeit für die sozial und individuell notwendige Abschiedsarbeit zu reservieren. In diesem Fall müßten die Prüfungserfahrungen (nicht der Prüfungsstoff) Inhalt der Kommunikation in der Trennungssituation werden. Nicht die Prüfung ist dann das abschließende Erlebnis, sondern das Bemühen um Abschied unter Einschluß der Prüfungserfahrungen. Ansonsten wird das ausgehändigte Zeugnis, das erlangte Zertifikat zum Totenschein (der Gruppe).

Die Qualifizierung des Prüfungspersonals (die ja in relativ großem Umfang geschieht) wäre auch auf die Bewältigung solcher situativen Anforderungen auszurichten.

Es gibt beispielsweise in der Geschichte der Freisprechung (das ist der Abschluß der Handwerkslehre) genügend Modelle für bedenkenswerte Alternativen. So das der Welser (Oberösterreich) »Lederer«: Es erhielt der Freizusprechende von einer Kellnerin zunächst eine Zigarre angezündet, dann kredenzte man ihm ein Glas

die sitzen gerne ruhig da in verschiedenen Grüppchen, unterhalten sich, beschäftigen sich mit sich selbst; selbst in den Klassen, wo du sonst immer auf der Hut sein mußtest, ist es dann ganz friedlich. Was soll man da noch groß machen, die haben ihre Bücher abgegeben.« (Wesemann 1987, S. 9).

Bier und zuletzt verabreichte ihm die Kellnerin einen Kuß, womit wohl zum Ausdruck gebracht werden sollte, daß alle drei Dinge für ihn künftig keine verbotenen Freuden mehr waren.[24]

Und damit zum nächsten Problem, das sich von diesem nicht viel unterscheidet. »Man wechselt ja nicht das Thema«, so Broncho Billy in einer philosophischen Anwandlung, »man wechselt das Pferd.«

___

24 Für einige – das will ich nicht bestreiten – war das vielleicht eine besonders harte Form der Prüfung, aber die meisten, das kann man unterstellen, fühlten sich merklich freier nach solcher Freisprechung. Das Beispiel ist aus G. Otruba/J.A. Sagoschen (1956, S. 51).

Ein Schluß nach Noten

Wie hört dös auf, wie wird dös weiter gehn?
(Wolfgang Ambros)

Leur dernier quart d'heure
(Sacha Guitry)

Every time we say Good-bye
(John Coltrane)

Es ist genug
(J.S. Bach)

The End
(Jim Morrison)

La partida
(F.M. Alvarez)

Good-bye, Jonny
(Hans Albers)

Das große Halali
(Jägerchor)

Wohlan, die Zeit ist kommen, mein Pferd das muß gesattelt sein.
(volkstümlich)

»Und dann tönte ihr Abschiedsgesang klagend über das Wasser hin,
dem fortgleitenden Schiff nach«
(Pipi Langstrumpf in Taka Tuka Land)

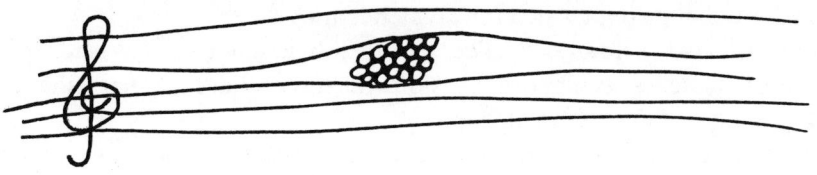

Kritik am Ende – Ende der Kritik

Was für Prüfungen in Schlußsituationen gilt, hat auch für das vielfach realisierte Ritual »Veranstaltungskritik zum Abschluß« Gültigkeit. Dies soll an einem Beispiel erläutert werden.

Ich übernehme dabei einen Protokollauszug aus einer Bildungsurlaubsveranstaltung für Frauen (Y. Kejcz u.a. 1980, S. 237–238):

Dozent: So, das ist jetzt unser letzter gemeinsamer Vormittag. Die Zeit ist nach meinem Empfinden wie im Fluge vergangen, und die gemeinsame Arbeit mit Ihnen hat mir großen Spaß gemacht. Wir wollen jetzt die noch verbleibende Zeit dafür nutzen, von Ihnen zu hören, was Sie am Seminar schlecht fanden, was für Sie wichtig war und was man ändern müßte. Das ist für uns (meint die Pädagogin) eine große Hilfe für die Bildungsurlaube, die wir später wieder mit Frauen machen werden. Ich möchte Sie deshalb bitten, uns Ihre Meinung zu bestimmten Fragen mitzuteilen. Die erste Frage, die ich habe, ist, wie Sie die einzelnen Themen fanden, was künftig wegbleiben kann und was künftig drin bleiben sollte?

Teilnehmerin Helga: Wegbleiben ...? Das könnte ich so nicht sagen. Ganz wichtig fand ich auf jeden Fall die Sache mit der Verbraucherzentrale, da hat man mal gesehen, wo man sich hinwenden kann.

Teilnehmerin Ilse: Ich fand alle Themen irgendwie interessant. Manches hat mich mehr, manches weniger interessiert. Insgesamt fand ich den Bildungsurlaub gut, der sollte auch so bleiben.

Teilnehmerin Karin: Das finde ich auch, man sollte da nichts weglassen, schließlich soll man ja jedem etwas bieten und allen kann man es nicht immer recht machen.

Dieser Text gibt eine typische Abschlußsituation wieder: Der Dozent schließt den Vermittlungs- und Aneignungsvorgang von Inhalten ab und fragt nach Seminarkritik. Deutlich macht er, daß diese kritische Reflexion des Seminarablaufs (bezogen auf die Inhalte) für ihn und seine Dozentenkollegen wichtig ist, um daraus für zukünftige Veranstaltungen zu lernen.

Die Reaktionen von drei Teilnehmerinnen (mehr haben sich nicht geäußert) auf die Dozenteninitiative im Hinblick auf Kritik sind sehr vorsichtig. Die Teilnehmerinnen äußern sich ausschließlich positiv, dies jedoch auf einer sehr allgemeinen Ebene. Die Antworten lassen deutliches Zögern spüren. Die Vermutung liegt nahe, daß die Antworten mehr dem Wunsch entspringen, den Dozenten nicht zu enttäuschen, ihn nicht mit seinen Fragen alleine zu lassen, als dem Bedürfnis, sich kritisch mit der Veranstaltung auseinanderzusetzen. Was ist die Erklärung, warum verläuft diese Phase so unbefriedigend?

Der Dozent erinnert daran, daß demnächst die Veranstaltung zu Ende sein wird, er spricht den Schluß des Kurses an. Dies ist sicher ein wichtiger und sinnvoller Schritt. Die Realität wird benannt, damit werden Illusionen reduziert. In einem zweiten Satz benennt der Dozent seine Gefühle, er zieht sein »emotionales Fazit«: Es ist ausschließlich positiv. Ohne Unterbrechung seiner Ausführungen fordert er dann von den Teilnehmerinnen Antworten auf seine Frage, was sie am Seminar schlecht fanden. Hier liegt der zentrale Punkt, der die Abschlußdiskussion in unserem Beispiel so unbefriedigend macht.

Dazu drei Anmerkungen

1. Der Dozent macht zu Beginn eine Aussage, die seine Beziehung zu den Teilnehmerinnen, sein Erleben der Beziehung, zum Ausdruck bringt (er spricht von »Empfindungen«, von »Spaß«), aber er gibt den Teilnehmerinnen nicht die Chance, an dieser Stelle genau das gleiche zu tun; nämlich ihre Empfindungen, ihre Gefühle, gegenüber ihm und gegenüber den übrigen Teilnehmerinnen auszudrücken. Die emotionale Situation der Teilnehmerinnen wird nicht zum Thema gemacht, und auch nicht die Beziehung zwischen den Teilnehmerinnen und dem Dozenten. Dieser flieht vor den Gefühlen (seinen eigenen und jenen der Teilnehmerinnen) in eine intellektuelle Fragestellung. Sinnvoller und der Dynamik der Schlußsituation adäquater wäre es gewesen, der Dozent hätte, nachdem er etwas über seine Gefühle gesagt hat, geschwie-

gen. Sicher wäre dies als Möglichkeit von den Teilnehmerinnen erkannt und verstanden worden, die je eigenen Empfindungen auch auszudrücken – und wäre dies nicht ein viel besserer Ansatzpunkt für die Seminarkritik gewesen? Zweifelsohne wäre es ebenso sinnvoll gewesen, wenn der Dozent die Teilnehmerinnen gebeten hätte, etwas dazu zu sagen, wie sie das Seminar empfunden haben, ob es ihnen auch so viel Spaß gemacht hat, wo sie ärgerlich, wo sie evtl. unzufrieden waren.

2. Der Dozent verlangt von den Teilnehmerinnen durch seine Aufforderung, das zu benennen, was schlecht am Seminar war, eine Leistung, die er selbst (im Satz vorher) nicht erbracht hat bzw. nicht erbringen wollte.
    Ganz im Sinne des »Hallo-good-bye-Effektes« benennt er, sehr global, nur Positives. Er differenziert und kritisiert nicht, er verlangt aber von den Teilnehmerinnen eine kritische Bewertung der Veranstaltung – kein Wunder, daß diese dann so dürftig ausfällt; sie entspricht genau jenem undifferenzierten Niveau, das der Dozent bei seiner Seminarbeurteilung als Maßstab vorgegeben hat.

3. Der Dozent ruft kritische Äußerungen von Teilnehmerinnen der Veranstaltung in der erklärten Absicht ab, daran orientiert zukünftige Kurse zu verbessern. Dies können die Teilnehmerinnen aus zwei wichtigen Gründen nicht erfüllen: Zum einen sind sie in Schlußsituationen (und der dort vorhandenen sozio-emotionalen Dynamik) stärker damit beschäftigt, sich zu helfen als dem Dozenten. Zum anderen fordert der Dozent von den Teilnehmerinnen eine Kompetenz, die sie nicht haben (bzw. die sie auch von ihrem Anspruch her gar nicht besitzen wollen). Sie sollen nämlich für einen zentralen professionellen Bereich des Dozenten Hinweise geben – und das auch noch, ohne über die Verwertung ihrer Anregungen etwas Näheres zu wissen.

All dies macht die These wahrscheinlich, daß es dem Dozenten in unserem Beispiel nicht wirklich um eine Seminarkritik ging, vielmehr schien es ihm um die Abwehr von kritischen Äußerungen zu gehen.

Von diesem typischen Fall nun zu der generellen Fragestellung: *Ist es überhaupt sinnvoll, in Schlußsituationen Veranstaltungskritik durchzuführen?*
Lege ich eigene Erfahrungen in Veranstaltungen meinem Urteil zugrunde, so ist die globale Antwort: *Nein.*
Ich will dies noch weiter, als dies aufgrund des Textbeispiels geschehen ist, ausführen.

Eine Abschlußsituation ist, dies als kurze Erinnerung, vor allem eine emotional geprägte Situation. Abschiednehmen (und eine Form für das Abschiednehmen zu finden) sind die wichtigsten Probleme der Beteiligten in dieser Situation. Für Kritik, besonders was die Lehr-/Lerninhalte betrifft, ist eine solche Situation äußerst ungünstig. Noch gewichtiger ist der Sachverhalt, daß die Kritik am Ende einer Veranstaltung für jene, die diese intellektuelle Anstrengung auf sich nehmen, weitgehend folgenlos bleibt. Geben die Teilnehmer Anregungen an den Dozenten, so kann dieser sie nicht mehr in der Veranstaltung, die zu Ende geht, umsetzen: Das Gelingen solcher Kritik setzt voraus, daß die Teilnehmer ein Interesse an einer möglichst guten beruflichen Kompetenz des Dozenten haben, völlig abgehoben von ihrer eigenen situativen Betroffenheit. (Besonders dann scheint das sehr unwahrscheinlich, wenn diese in Zukunft nichts mehr mit ihm zu tun haben.) Eine dritte Begründung auf Seminarkritik am Ende von Veranstaltungen eher zu verzichten (dies wird von Y. Kejcz u.a. 1980, S. 244 ebenso gesehen), liegt darin, daß die Teilnehmer schlichtweg überfordert sind. Dann nämlich, wenn sie in Abschlußsituationen von Kursen erstmalig mit der Aufgabe konfrontiert werden, ihre Meinungen und ihre Einschätzungen über die Veranstaltung auszudrücken. Seminarkritik ist nur sinnvoll während des gesamten Ablaufs der Veranstaltung und dann auch mit relativer Kontinuität. Dort, wo sie auch als Lernprozeß des Kritisierens selber organisierbar ist. Wo es also möglich ist, die Kritik am Seminar zum Inhalt zu machen und damit auch zu lernen, Kritik, die den Lehr-/Lernprozeß selbst trifft und die ihn auch folgenreich verändert, zu üben. Dann ist auch gewährleistet, daß sich die Anstrengung, die mit der Äußerung von Kritik immer auch verbunden ist, auf den Veranstaltungsverlauf auswirkt, Kritik also praktisch wird. Solches aber scheitert notwendigerweise am Ende von Gruppenprozessen.

Nun aber ist nicht jeder Leiter, jede Leiterin von Gruppen, Seminaren, Trainings usw. in der »glücklichen« Lage, von sich aus zu entscheiden, wann und wie Kritik sinnvoll und wirksam im Lehr-/Lernprozeß realisiert werden kann und soll. Nicht selten kommt es vor, daß am Schluß von Bildungsveranstaltungen Institutionsvertreter mit standardisierten Fragebögen zur kritischen Einschätzung der Veranstaltung anrücken und diese den Teilnehmern austeilen, oder – das ist die »mildere« Interventionsform – die Leitung bitten, diese selbst zu verteilen (und auch wieder einzusammeln). Ohne das institutionelle Interesse an einem kritischen Feed-back in Frage zu stellen (bzw. für nicht gerechtfertigt zu halten), ist meines Erachtens diese vielfach angewendete Praxis sehr problematisch. Nimmt man den positiven Fall an, daß die vorgegebenen Fragen eines solchen Kritikbogens überhaupt einen Informationswert haben (was in vielen Fällen zu bezweifeln ist), so beeinflußt doch die psycho-soziale Dynamik der Schlußsituation die Antworten der Veranstaltungsteilnehmer entscheidend. Gilt es, den Dozenten oder die Dozentin zu bewerten, so läßt die emotionale Betroffenheit der Trennungssituation nur wenig Interesse an einer aussagekräftigen, schriftlichen Information zu. Die pauschalen Antworten, die man üblicherweise bei diesem Verfahren erhält, bilden stärker die Störung ab, die das Ausfüllen des Bogens bei den Beteiligten verursacht, als das Interesse an einem kritischen, brauchbaren Feedback.[25] Bei den beliebten Antworten-Ankreuz-Verfahren tendiert die Substanz der Information gegen Null. Dies aber gibt dann denjenigen Institutionsvertretern, die die Fragebögen auswerten, (häufig hat man den Eindruck, sie landen ungelesen im Papierkorb) alle Möglichkeiten, ihre Phantasie zu entfalten. Ob das der Sinn eines solchen Aufwandes ist?

Besteht ehrliches Interesse an einer fundierten Kurskritik, dann sollten die Fragebögen (wenn's unbedingt schriftlich sein muß!) bereits am Anfang einer Veranstaltung ausgegeben werden, um während des gesamten Lehr-/Lernprozesses Antworten finden zu können. Die Leitung der Veranstaltung müßte dann im Kursverlauf auch ab und zu an diese Aufgabe erinnern. Geschähe dies, veränderten sich irgendwann vielleicht auch die üblichen Fragen, die den Gruppenprozeß weitgehend ausblenden und immer nur auf Resultate aus sind (und diese liegen in Schlußsituationen nur in den seltensten Fällen offen und sichtbar vor).

In diesem Zusammenhang noch ein kleiner, aber wichtiger Hinweis: Falls Sie Leitungsverantwortung haben, trennen Sie deutlich zwischen jenen Fragen nach kritischer Beurteilung an denen Sie als Leiter/Leiterin Interesse haben und jenen, die seitens der Institution (für die Sie arbeiten) erwünscht werden. Das Kontrollinteresse von Institutionsvertretern unterscheidet sich gravierend von dem Feedback-Interesse der Prozeßverantwortlichen. Die Vermischung beider Aspekte ist irritierend für alle Beteiligten und führt zu vermeidbaren Verunsicherungen.

Und damit genug Kritisches zum Thema »Kritik«.

> *»Schrecken ist genug verbreitet, Hilfe sei jetzt eingeleitet.«*
>
> (Faust II)

---

25 Das trifft gerade auch für jene Teilnehmer und Teilnehmerinnen zu, die am Schluß gerne etwas wenig Erfreuliches »zurücklassen«. In Analogie zu der Tradition, Verstorbene mit Böllerschüssen am Grabe zu »ehren«, stänkern auch sie gerne in Schlußsituationen. Deftig formuliert: Kritikbögen sind ihnen ein willkommener Anlaß zum letzten Furz – und alle schauen sich indigniert um und suchen den, der es gewesen sein könnte.

Ein Beispiel

Eine kursbegleitende Kritik könnte sich aus folgenden Verfahren ergeben. Es wird unter dem Etikett »Kursbarometer« in der Bildungsarbeit eingesetzt.

Im Veranstaltungsraum hängt an der Wand, möglichst neben dem Ausgang, ein großes Plakat mit 4 Aussagen (von einer größeren Anzahl von Aussagen ist wegen der sonst eher zeitraubenden Auswertung möglichst abzusehen). Am Ende eines Seminartages erhält jeder Kursteilnehmer 4 Klebepunkte (möglichst verschiedenfarbig) und markiert beim Verlassen des Raumes ihre/seine Antworten auf die Fragen. Zu Beginn der nächsten Veranstaltungssequenz (z.B. am nächsten Morgen) machen die Leiter/Leiterinnen nochmals auf die Rückmeldungen aufmerksam und fragen, ob es dazu etwas zu sagen gibt. Falls es seitens der Leitung Nachfragen gibt, so sollten diese in dieser Situation ebenfalls gestellt werden. Auf der Basis der Rückmeldungen und der Diskussion darüber könnten dann die nachfolgenden Lehr-/Lernprozesse (wenn notwendig) verändert bzw. verbessert werden.

Ein Beispiel aus einem Seminar auf der nächsten Seite.

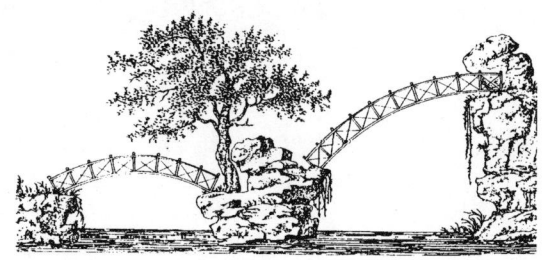

81

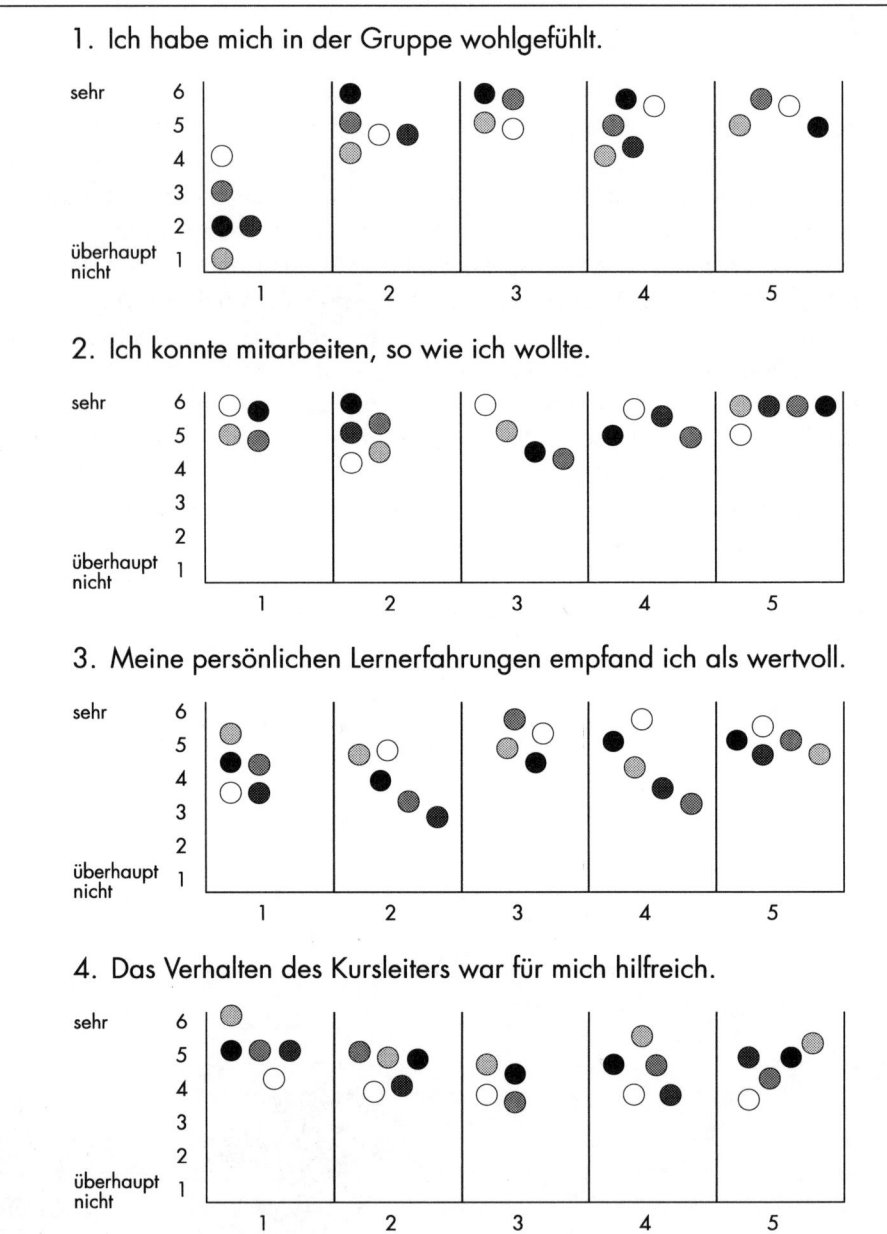

Beispiel für ein 5-Tage Seminar

Das Finale verlangt nach Gestaltung

Ratschläge für das Fertigmachen zur Abfahrt

»Es heißt nicht zu Unrecht, daß man stirbt, wie man gelebt hat, und es bleibt den klugen Geistern vorbehalten, die größte Sorgfalt auf ihren Tod zu verwenden. Man wird nun sicherlich einwenden, daß der Tod seinen Kandidaten ganz über- raschend holen kann und damit alle Vorsichtsmaßregeln in bezug auf Ästhetik und gute Gesellschaft zunichte werden läßt. Dieses trügerische Argument wird jedem aufgeklärten Kopf ein Lächeln entlocken, denn der Tod überrascht den Weisen nicht, und die Eleganz in den Manieren ist eine Form der Weisheit: es bedarf der Lebenskunst, um die Kunst des Sterbens zu beherrschen, während die Kunst des Geborenwerdens anderen als einem selber zufällt.« (A. Ruellan 1966, S. 7)

Dieses Buch ist mit der Absicht geschrieben, jene zu unterstützen, die das Ende von Gruppenprozessen (Bildungsprozessen) sinnvoll gestalten möchten. Es geht u.a. auch darum, die verbreiteten Abbrüche durch Abschlüsse zu ersetzen. »Enden statt verenden«, das wäre ein treffliches Motto.

In diesem Abschnitt werden Hilfestellungen in Form von Hinweisen und Verfah- ren angeboten, damit die zweifelsohne nicht sehr lustvolle Arbeit des Beendens, (nekrophil Veranlagte werden mir wiedersprechen) besser bewältigt werden kann. Es sind Angebote, um Erfahrungen Ausdruck zu verleihen.
Da das Ende kein Zufall ist, gibt es selbstverständlich eine nicht übersehbare Menge von Möglichkeiten, um einen Gruppenprozeß abzuschließen, so daß die hier dargelegten nur als ein Orientierungsangebot zu verstehen sind. Dabei ist zu beachten, daß der Einsatz der Verfahren nicht schematisch erfolgen darf. Es wer- den hier Hinweise gegeben, aber keine Regeln aufgestellt, denn Schlußsituationen sind immer auch Einzelfälle, deren Bewältigung situations- und personenbezogen zu gestalten ist. Erfahrungen und deren Reflexion helfen dabei allemal mehr als feststehende Grundsätze. Der Praxis gilt es Orientierung zu geben, über sie zu verfügen wäre das zu vermeidende Gegenteil.

Gelingende Gruppenleitung zeigt sich nicht darin, daß irgendwelche vorgegebenen Verfahrensregeln eingehalten werden, sondern daß bestimmte notwendige (situationsnotwendige) Funktionen in einem Gruppenprozeß ausgeübt werden. (»Rezepte schreiben ist leicht, aber im übrigen sich mit den Leuten verständigen ist schwer« – so Franz Kafka in seiner Erzählung: Ein Landarzt.) Die Situation der Gruppe (z.B. die Größe der Gruppe, die Lehr-/Lerninhalte, die Gruppengeschichte und auch die Dauer der Gruppenexistenz) ist bei der Anwendung immer zu berücksichtigen. Man muß sich beim Einsatz von Verfahren auf das Ganze (Umfeld, Bedingungsrahmen, Prozeß und die Verarbeitungsmöglichkeiten der Subjekte) beziehen. Sonst geht es einem möglicherweise wie Rotkäppchen, dessen Unglück ja daher rührte, daß es nur auf die Einzelheiten achtete und dadurch den Wolf mit der Großmutter verwechselte. (Glücklicherweise ist das ja nochmal einmal gutgegangen.)

Es kann auch nicht darum gehen, in erster Linie kreativ und originell sein zu wollen (z.B. einen Tango finalis oder ein Abschiedswalzer zu entwickeln); das wäre zwar durchaus zu begrüßen, doch nur, wenn Kreativität und Originalität auch zur Situation passen. Und es kann auch nicht darum gehen, einen weitgehend leiterzentrierten Seminaralltag mit pseudo-demokratischen Sonntagsgefühlen zu garnieren oder irgendwelchen Endsituationen eine Hochglanzpolitur zu verleihen (Verabschiedung unter allgemeinem Beifall und Hochrufen!).

Die wichtigste Leitungsaufgabe in Schlußsituationen von Gruppen besteht darin, die strukturellen Bedingungen zur Be- und Verarbeitung jener Gefühle, Stimmungen, Erwartungen, Hoffnungen und Lernmöglichkeiten bereitzustellen, die die Beteiligten in dieser spezifischen Situation haben. Damit ist die Grundvoraussetzung geschaffen, daß die Teilnehmer mit ihren Emotionen und Bedürfnissen ernst genommen werden und daß die Realität (von Bedrohung und Verlust) in Abschluß- bzw. Übergangssituationen akzeptiert wird.

Die Ernsthaftigkeit des Umgang mit der Grenze und der Begrenzung zeigt sich nicht zuletzt darin, daß genügend Zeit für die Bewältigung dieser Schwellensituation vorhanden ist. So wie im Leben generell, sollte man sich auch in Gruppen bereits recht früh mit dem Ende befassen. Das strenge »Reglement für Arbeiter« der Friedrich Krupp Gußstahlfabrik Essen aus dem Jahre 1856 ist glücklicherweise inzwischen gelockert, dort wird noch das Gegenteil gefordert: »Vorbereitungen zum Weggehen sind, bevor zum Schluß geläutet wird, streng untersagt.« Ein wenig Fortschritt muß ja sein.

● **Die Übergangsreise: Der Anfang nach dem Ende**

Diese Abschiedsübung soll den Übergang von der Veranstaltungssituation in die nachfolgende Alltagssituation (Familie, Arbeit, Alleinsein u.s.w.) durch phantasiegefördertes Einfühlen vorbereiten. Sie zielt auf den Erlebnisbereich der Beteiligten und dabei besonders auf die Abschieds- bzw. Übergangsgefühle. Dabei sollte man sich an Giovanni della Casas Ermahnung halten: »Man darf sich nicht damit zufrieden geben, die Dinge gut zu verrichten, man soll danach trachten, sie auch anmutig zu tun.« (Casa: Buch der guten Sitten von 1558)

Durchführung der Übung

Die Übergangsreise wird von der Gruppenleitung angeleitet. Sie ist langsam zu sprechen, mit vielen Pausen (damit die Beteiligten ihre eigenen Um- und Abwege »gehen« können). Eine solche Anleitung könnte folgendermaßen aussehen:

Ich möchte, daß Sie sich in Ihrer Phantasie in dieser Schlußsituation auf die Reise zu jenem Erfahrungsraum begeben, den Sie demnächst wieder betreten. Ich werde Sie dabei führen, ohne Sie dadurch allzusehr einzuschränken. Sie sollten dabei Ihren eigenen Phantasieweg finden, Ihre ganz speziellen Um- und Abwege ... Setzen Sie sich dazu bitte jetzt bequem hin, so, daß Sie sich entspannt fühlen ... Schließen Sie bitte jetzt Ihre Augen. Stellen Sie sich noch einmal jetzt vor Ihrem »inneren Auge« diese Gruppe hier vor. Wer war Ihnen im Seminar wichtig ... Wer hat Sie gestört, geärgert ... Wen möchten Sie wiedersehen ...
Nun denken Sie an den Raum, in dem wir fünf Tage gearbeitet haben ... da sind die vielen vollgeschriebenen Flip-Chart-Blätter an den Wänden ... da stehen die Tische am Rand des Raumes ... in der Mitte ein Kreis, in dem Sie sitzen ... Sie stehen auf ... machen sich auf den Weg ... gehen durch die Türe ... durch den Garten in Ihr Hotelzimmer ... Sie nehmen die bereits gepackten Koffer und Taschen ... tragen Sie zum Auto ... verstauen Sie im Kofferraum. .. Sie fahren los ... Sie kommen zuhause an ... laden Ihr Gepäck aus ... betreten Ihre Wohnung ...
Stellen Sie sich bitte in den nächsten fünf Minuten vor, was nach Ihrer Ankunft geschieht, wer Sie begrüßt, auf wen Sie sich freuen, wer sich auf Sie freut, was Sie machen werden ... (5 Minuten Zeit lassen!) Nun öffnen Sie wieder die Augen... schauen Sie sich im Raum um ... Suchen Sie nun zwei Gruppenmitglieder, mit denen Sie sich darüber austauschen, was Sie auf Ihrer Übergangsreise erlebt haben.

Stehen Sie dann auf und nehmen Sie sich 30 Minuten Zeit.

Hinweise zu dieser Übung

Dieses Verfahren eignet sich besonders bei Seminarinhalten, die persönlichkeits-
bzw. sozialorientiert sind. Selbstverständlich können auch andere Situationen als
Übergangsziel genommen werden, z.B. Arbeitssituationen (»Stellen Sie sich vor,
Sie kommen am Montag Morgen an Ihre Arbeitsstelle...«)
Das Verfahren eignet sich für Gruppen mit höchstens 20 Teilnehmern. Nötig sind
ca. 15. Minuten für die Übergangsreise und 30 Minuten für das anschließende
Gespräch in Dreiergruppen.

Und noch etwas

Es geht bei dieser Übung *nicht* darum, die Fensterläden eines unaufgeräumten
Hauses (Gruppenprozeß) zuzumachen, um vor all der Unordnung fliehend, eine
phantastische Reise ins Land der Idylle anzutreten. Es geht um die Verbindung
von Phantasie mit erlebbarer und erwartbarer Realität.

● Kofferpacken

Diese Übung wird bei längeren Bildungsveranstaltungen häufig eingesetzt. Es
gibt sie in unterschiedlichen Abwandlungen. Die hier dargestellte Anleitung findet sich in ähnlicher Form bei: M. Krämer/J. Halbestadt/J. Kraus (1982, S. 122ff.).
»Kofferpacken« ist eine einfache und vielseitig einsetzbare Übung zur Gestaltung
der Schlußphase.

Durchführung der Übung

In der Mitte des Raumes wird ein großformatiges Papier (am besten größer als
DIN A0, Makulaturrolle) ausgebreitet; dieses symbolisiert den Kurs bzw. Semi-
narkoffer. Die Teilnehmer werden gebeten, mit Filzstiften und/oder Wachsmalkreiden aufzuschreiben bzw. aufzumalen, was sie »in ihren Koffer packen, wenn
sie nach Hause gehen«. Die Teilnehmer sollen vorgegebenen Regeln folgend, das
hinschreiben/malen, was ihnen einfällt. Sie sollten sich nur von der Vorstellung
leiten lassen, daß es um einen Koffer geht, der zur Abreise gepackt werden muß.

Ist der Koffer voll, bzw. will niemand mehr etwas hineinpacken, kann ein gemeinsames Gespräch in der Gruppe beginnen: Zuerst sollte frei assoziiert werden –
beim Anblick des gefüllten Koffers. Spontanen Bemerkungen sollte dabei Raum
gegeben werden.

Der Gruppenleiter kann im weiteren gezielt nachfragen, wenn ihm etwas unklar erscheint oder wenn er einen besonders wichtigen Eindruck noch einmal hervorheben möchte.

Hinweise zu dieser Übung

Die »Auswertung des Koffers« sollte sich auf wenige wichtige »Kofferinhalte« beschränken (auch zeitlich begrenzen). Die Übung setzt voraus, daß Phantasie und Kreativität entfaltet werden können. Sinnvoll ist es, bei der Vorstellung und Einführung der Übung seitens der Leitung einige Beispiele zu geben, die die Phantasie anregen und zeigen, daß ganz unterschiedliche Dinge in den Koffer gepackt werden können. Ein wichtiger Auswertungsgesichtspunkt sind auch jene »Gegenstände«, die überraschenderweise nicht im Koffer auftauchen. Wo bleiben diese?

Dies ist eine Übung, bei der die Kursleitung mitmachen sollte. Auch sie sollte Gegenstände in den Koffer einpacken.

Das Verfahren eignet sich für Gruppen bis maximal 20 Personen. Es werden dafür, je nach Auswertungsintensität, 30–60 Minuten benötigt.

Und noch etwas

Falls Sie die Teilnehmer/Teilnehmerinnen auf diese Übung einstimmen wollen, zeigen Sie (z.B. am Abend vorher) jenen Filmausschnitt, in dem Chaplin seinen Koffer für die Abreise packt, und dabei alles das, was nicht hineinpaßt, mit der Schere abschneidet. So machen wir's ja alle immer wieder.

● **Blitzlicht**

Das »Blitzlicht« ist kein typisches Verfahren für Schlußsituationen. Es eignet sich immer dann in Bildungsveranstaltungen, wenn der Lehr-/Lernprozeß durch vermutete emotionale Blockaden stockt, wenn es darum geht, die individuellen Eindrücke und Befindlichkeiten mit der Absicht öffentlich zu machen, etwas zu verändern. Wie es der Ausdruck »Blitzlicht« benennt, geht es dabei um das kurzfristige Erhellen von (spürbaren, aber nicht sichtbaren) Stimmungen. Insbesondere in Schlußsituationen, in denen es eine Tendenz zur Sprachlosigkeit gibt, ist es sinnvoll, ein solches Verfahren anzubieten, um das, was jeder und jede still zu bewältigen versucht, zum Gruppenthema zu machen.

Durchführung der Übung

Das Verfahren wird folgendermaßen realisiert: Alle Gruppenmitglieder äußern sich reihum zu einer Frage, die von der Leitung formuliert wird.

Zum Beispiel:
- Wie geht es mir jetzt?
- Was geht mir gerade durch den Kopf?
- Was macht mich so still?
- Was würde ich jetzt gerne tun?

Die Äußerungen der Beteiligten (hierbei kann die Gruppenleitung mitmachen) sollten sehr kurz sein – wie ein Blitzlicht. Sie sollten sehr persönlich sein und sie sollten aktuelle Empfindungen ausdrücken. Weiterhin gilt die Regel, daß nicht nachgefragt, nicht kommentiert und nicht kritisiert wird. Erst wenn reihum alle etwas gesagt haben, kann (muß aber nicht) ein Gespräch über die geäußerten Empfindungen, Eindrücke, Betroffenheiten erfolgen.

Hinweise zu dieser Übung

In Schlußsituationen eignet sich dieses Verfahren als Einstieg, um anschließend individuelles Abschiednehmen zu ermöglichen. In diesem Falle sollte auf ein Gruppengespräch im Anschluß an das Blitzlicht verzichtet werden.
Teilnehmerzahl maximal 20 Personen. Zeit (je nach Teilnehmerzahl 5–7 Minuten ohne anschließendes Gespräch.

(Merck, um 1903)

● Abschiedsgeographie

Sinn dieser Übung ist es, persönliche Erfahrungen, Erlebnisse, Gefühle mit den unterschiedlichen Beschaffenheiten von Landschaften in eine Beziehung zu bringen. Die verschiedenen, je subjektiven Stimmungen werden damit auf eine gemeinsame symbolische Sprache hin interpretierbar. Die angebotene Metapher der Landschaftsbeschaffenheit macht es den Beteiligten leichter, Eindrücke, Gefühle und Bedürfnisse zum Ausdruck zu bringen. Sehr gut als Veranschaulichungsmaterial eignet sich für dieses Verfahren die Küstengeographie.

Durchführung dieser Übung

Die Seminarleitung bereitet große Papierbögen vor, die entsprechend der Küstengeographie gekennzeichnet (oder besser: bemalt) sind. Dieses Material wird zu Beginn der Übung in die Mitte des Seminarraumes gelegt. Dann folgt die Arbeitsanweisung an die Teilnehmer:

Die hier liegenden gekennzeichneten (bzw. bemalten) Blätter stellen eine Küstenlandschaft dar. Sie finden hier das feste, fruchtbare Land, dann die sandige Geest, die Marsch, das dem Meer abgerungene ›Neuland‹, die Deiche, das Schwemmland, das Watt und schließlich das offene Meer. Schreiben Sie jetzt die Erfahrungen (rot), die Erkenntnisse (grün), die Erlebnisse (gelb), die Sie während dieser Veranstaltung hatten, auf einzelne farbige Kärtchen. Legen Sie diese dann auf die vorbereitete Küstenlandschaft. Da gibt es z.B. Erfahrungen die waren für Sie fruchtbar, Erlebnisse die Sie befestigen d.h. eindeichen wollen, anderes wiederum ist bereits wieder im Meer versunken. Da gibt es Erkenntnisse, die noch sehr wenig festen Grund haben, die immer wieder überspült werden.

Gehen Sie kreativ mit dieser Symbolik um, gestalten Sie die Küste unserer Gruppe. Haben alle Gruppenmitglieder ihre Kärtchen »in der Landschaft« ausgelegt, fordert sie die Leitung dazu auf, die Kärtchen und deren Plazierung möglichst phantasievoll zu kommentieren. Dabei sollten die Beteiligten um die Landschaft herum stehen.

Als Abschluß der Übung können die Eindrücke über das Gesamtwerk als kollektives Ergebnis geäußert werden.

Rahmenbedingungen für diese Übung

- Eine übersichtliche Gruppe (max. 20 Personen)
- Ca. 60–90 Minuten Zeit für die Durchführung
- Ca. 30 Minuten für die Vorbereitung
- Genügend Material: bunte Stifte (evtl. Wachsmalkreide), farbige Kärtchen, große Papierbögen
- Ein Raum, in dem man sich gut bewegen (herumgehen) kann und der eine freie Fläche (für das Auslegen der Papierbögen) hat.

Der Schluß zum Selbstbasteln

In einer Do-it-yourself-Gesellschaft bietet sich das selbstgemachte Ende an. Man kennt dies ja aus wirklich guten Kinofilmen, wo man sich das Ende selbst entwickeln muß. Die Leitung hat, will sie dieses Verfahren realisieren, die Bedingungen für diese Möglichkeiten abzusichern. Dazu ist dreierlei zu berücksichtigen:

1. Den Gruppenmitgliedern muß das Selbstbasteln des Schlusses als Aufgabe gestellt werden.
2. Dafür ist genügend Vorbereitungs- und Durchführungszeit abzusichern.
3. Die Leitung muß dabei mitmachen – d.h. auch ihren Schluß basteln.

Als Alternative dazu die Methode Dupanloups:
Pécuchet. *»Der Pädagoge Dupanloup hat, wie er sagt, mit seiner Methode des ›strengen Blicks‹ beachtliche Erfolge erzielt.*
Bouvard, kannst du ›streng blicken‹?«
(G. Flaubert 1979, S. 175)

Oder die noch ältere, die mittelalterliche, von Terentius und Gabundus, die Sie aber besser vermeiden sollten:

»Einmal, so heißt es, diskutierten die beiden Gelehrten Gabundus und Terentius vierzehn Tage und vierzehn Nächte lang über den Vokativ von ego.
Am Ende griffen sie zu den Waffen ...« (U. Eco 1982, S. 39)

● **»Nestflüchtling«**
Übung für den normalen Ausnahmefall
»Vorzeitiger Abbruch«

Die Situation, daß Gruppenteilnehmer vor dem offiziellen Ende des Lehr-/Lern-prozesses »aussteigen«, ist in der Erwachsenenbildung beinahe schon ein Normalfall. Die Soziodynamik, die ein solches Handeln in der Gruppe auslöst, wurde bereits beschrieben. Wichtig ist, daß die Thematisierung einer solchen Situation, die ja immer Wirkungen in der Gruppe auslöst, nicht unterdrückt wird, d.h., daß nicht so getan wird, als sei nichts geschehen.

Die Gruppenleitung sollte daher dafür sorgen, daß die »verlassenen Gruppenmit-glieder« Gelegenheit erhalten, über ihre Gefühle und Gedanken in dieser Situation zu sprechen. Dafür eignet sich folgendes Verfahren:

> Am Anfang war
> das Wort,
> am Ende der Punkt.

Durchführung der Übung

Nehmen Sie den Stuhl dessen, der die Gruppe verlassen hat, und stellen Sie ihn in die Mitte des Sitzkreises. Fordern Sie (als Leiter/Leiterin) jetzt alle Teilnehmer auf (reihum) alles das in Richtung auf den verlassenen Stuhl zu sagen, was der Weggang an Gedanken und Empfindungen ausgelöst hat. In einer zweiten Runde kann jeder Gruppenteilnehmer das sagen (wiederum in Richtung des leeren Stuhls), was er/sie dem Teilnehmer, der gegangen ist, noch gerne gesagt hätte.

In beiden Runden sollte die Gruppenleitung sich nicht ausschließen. Steht genü-gend Zeit zur Verfügung, dann ist noch eine dritte Runde zu empfehlen. Diese erhöht die Kohäsion der Gruppe, die nach dem Aussteigen eines Teilnehmers häufig gefährdet ist. Für diese dritte Runde empfiehlt sich das Thema: »Was hält mich hier, warum bleibe ich.«

Hinweise zu dieser Übung

Diese Übung ist zeitlich variabel. Ist die Gruppenkohäsion für den Lehr-/Lernpro-zeß wichtig und war die Person, die die Gruppe verließ, für diese wichtig, dann sollte die Übung möglichst intensiv sein (d.h. relativ lange dauern). In manchen Gruppen reicht es bereits, wenn die Beteiligten nur kurz, z.B. mit dem Verfahren »Blitzlicht«, ihre aktuellen Stimmungen äußern.

»Kleingeleuth«:
Es muß nicht immer die große Inszenierung sein

Solche Verfahren haben Anklang an zeremonielle Bewältigungsmechanismen von Abschiedssituationen. Sie geben zweifelsohne in dem Schwebezustand »Schluß« Orientierung im Hinblick auf die Bearbeitung von emotionalen Belastungen. Insofern stabilisieren sie in einer instabilen Situation. Zu vergessen ist jedoch nicht, daß wir in unserem Alltagsverhalten genügend selbstverständliche Bewältigungsmuster für solche Schwellensituationen haben. Gezielt eingesetzte Verfahren, wie die hier dargestellten, sollten diese nicht ersetzen, sondern ergänzen. Und, das ist ja auch manchmal ein Argument, sie sind billiger und weniger aufwendig. Sie sind das »Kleingeleuth«, jene kostengünstige Form des Begräbnisrituals, das den Armen in Wien ehemals zustand.

- So z.B. werden wir in unserer Kindheit (häufig mit sehr viel Druck) dazu erzogen, am Ende des Tages unsere Spielsachen aufzuräumen, am Schluß des Essens unsere Teller wegzustellen. Es gibt wenig Gegenargumente, dieses Erziehungsergebnis (falls es erfolgreich war) nicht auch als selbstverständliche Handlung zum Abschluß von Gruppenprozessen im Erwachsenenalter anzuwenden. »Die alte Ordnung wiederherstellen«, das ist durchaus eine sinnvolle Handlung, bei der bewußt mit dem Ende umgegangen wird.
- Viele haben in ihrer Jugendzeit Tagebuch geschrieben und damit Erfahrungen abgeschlossen. Auch dieses Modell ließe sich reaktivieren. Warum sollte man den Teilnehmern der Bildungsprozesse am Schluß von Veranstaltungen (man könnte dies auch am Ende jedes Arbeitstages tun) nicht auch Gelegenheit (d.h. Zeit) geben, ihre Gruppenerfahrungen niederzuschreiben?
- Es mag eine typisch deutsche Tradition sein, sich zum Abschied die Hand zu geben. Aber warum nicht, und warum sollte man gerade in Schlußsituationen zum großen Sturm auf die Traditionen blasen? Das kleine und sehr friedliche Zeremoniell des »Handgebens« ist nicht zu unterschätzen. Wenigstens sollte die Leitung für diese Geste Gelegenheit geben (und nicht nach den letzten Worten schnell weglaufen). Dabei könnten dann auch letzte Worte gewechselt werden. »Letzte Worte« sind allemal besser als »das letzte Wort«.
- Zum *Händedruck* als Abschiedsgeste ist viel geschrieben worden, das komischste Tiefgründige stammt von T.W. Adorno (1986, S. 738).
  Auf eine Umfrage der Frankfurter Neuen Presse aus dem Jahre 1967 zum Thema »Händedruck – Symbol des guten Willens. Soll man oder soll man nicht?« antwortete Adorno: *»Ich habe es in angelsächsischen Ländern oft ge-*

nug erlebt, daß uns Deutschen der Händedruck verübelt wurde. Es liegt wohl etwas Archaisches darin, was sich mit der rationalen westlichen Zivilisation nicht vereinbaren läßt. Andererseits sind mir aber Menschen, die mir die Hand nicht oder nur den kleinen Finger entgegenstrecken, unsympatisch.«

Und weil es so schön ist, noch einmal Adorno mit empörter Pose:

»Ich habe einmal auf der Straße erlebt, daß eine leibhaftige Frau zu einem leibhaftigen Mann ›Auf Wiederhören‹ sagte, und kein Blitz aus dem Himmel hat das Monstrum getroffen.« (1986, S. 516)

— Und dann noch ein Vorschlag für Schlußsituationen, die sich bis zum Bahnsteig hinziehen: G. Weerth (1957, S. 111) schlägt in einer romantischen Anwandlung vor: *»es wäre doch ›sehr hübsch‹, wenn man auf den Eisenbahnstationen einen großen Folianten mit weißem Papier aufschlüge. Die Reisenden, welche auf die Abfahrt der Lokomotive warten, hätten dann Gelegenheit, ihre Abschiedsempfindungen in Prosa und Versen niederzuschreiben. Welche Blicke in das menschliche Leben würde ein solcher Foliant eröffnen!«*

Ach ja, es gibt viele Möglichkeiten, Schluß zu machen. Die zum Weinen einwandfreien Schlüsse sind dabei nicht immer die besten. Vielleicht aber der, den uns B. Brecht (Der gute Mensch von Sezuan) aufnötigt:

»Verehrtes Publikum, los, such dir selbst den Schluß!
Es muß ein guter da sein, muß, muß, muß!«

Auswertung in Schluß-Situationen

Man muß sich erinnern, um vergessen zu können

Schlußsituationen in Gruppen sind das Scharnier zwischen Vergangenheit und Zukunft. Sie gelingen nur, wenn das Vergangene (wenigstens teilweise) bewältigt und nicht ins Vergessen abgedrängt wird. Weil Abschiede das Bedürfnis nach Erinnerung wecken und weil das, was vergeht, als Vergangenes erst im Bewußtsein des Abschlusses gegenwärtig ist, deshalb ist die Gruppengeschichte am Ende von Lehr-/Lernprozessen ein wichtiges Thema.

Das Gefühl des Verlustes wird partiell dadurch überwunden, daß man sich die gemeinsamen Erfahrungen, Erlebnisse und Erkenntnisse noch einmal vergegenwärtigt und sie (gemeinsam) aus der Distanz betrachtet.

>»Nichts fordere ich vom Leben, als daß es sich betrachten läßt.« (so Pavese) – das gilt auch für das Gruppenleben.

Die Gruppenleitung steht daher in Schlußsituationen vor der Aufgabe, adäquate Formen zur Auswertung des Gruppenprozesses zu entwickeln und diese situationsadäquat einzusetzen. Die Auswertung sollte von den Gruppenmitgliedern in Einzelarbeit vorbereitet, aber in der Gesamtgruppe (Plenum) realisiert werden. Bei Gruppen über 15 Personen ist es sinnvoll, zwischen die Einzel- und die Plenumsphase eine Vorauswertung in kleinen Gruppen (4–5 Personen) einzuschieben.

Methodische Varianten für die Auswertung gibt es viele.
Zu vermeiden sind jene, die an das kaufmännische Ritual der Inventur erinnern. Am besten sind immer jene Verfahren, die direkt aus dem Gruppenprozeß heraus entwickelt werden; die inhaltlich auf jene Themenbereiche abgestellt sind, die in der zu Ende gehenden Veranstaltung eine wichtige Rolle gespielt haben. Insofern sind die folgenden Beispiele keine Angebote »in der praktischen Aufreißpakkung«, es sind methodische Möglichkeiten, die der situationsadäquaten Veränderung bedürfen.

Eine Auswertungsanleitung (Dozent im Wortlaut)

»Das Seminar geht in drei Stunden zu Ende. Wir waren jetzt fünf Tage zusammen und haben gemeinsam viel und vielerlei gearbeitet und gelernt. Manchmal hat es mehr, manchmal weniger Freude gemacht, in anderen Phasen (z.B. zu Beginn der Veranstaltung) habe ich mich sehr anstrengen müssen, da es zum Teil sehr zäh voranging. Und am Mittwochnachmittag, das zeigte ich ja schon deutlich, habe ich mich, als Sie zwanzig Minuten zu spät zur Kurseinheit kamen, sehr geärgert. Jetzt aber bin ich auch froh, daß der Kurs zu Ende geht. Ich fühle mich sehr angestrengt und freue mich auf das freie Wochenende, an dem ich sicher auch zurückdenke an den Lehr-/Lernprozeß mit Ihnen, denn der Abschied nach fünf Tagen intensiven Zusammenseins fällt mir nicht leicht, er stimmt mich auch etwas traurig.

Sicher haben Sie das hinter uns liegende Seminar auch phasenweise ganz unterschiedlich erlebt, in Ihren Stimmungen, in Ihren Gefühlen und bezüglich dessen, was Sie hier lernen wollten, und dessen, was Sie hier gelernt haben. Ich schlage Ihnen vor, damit dies etwas deutlicher für uns alle hier wird, daß jeder von uns darüber nachdenkt, was er in den zurückliegenden Tagen erfahren hat, was er gelernt hat und was das für ihn und seinen Alltag, in den er zurückkehrt, bedeutet. Ich habe ein Blatt für diese Aufgabe vorbereitet, auf dem die Seminartage verzeichnet sind, das aber sonst nur drei leere Spalten enthält. In die erste Spalte tragen Sie bitte ein, was Ihnen (und mir, da ich diese Aufgabe ebenso zu bearbeiten versuche wie Sie) die wichtigste Erfahrung und das wichtigste Lernergebnis an dem jeweiligen Seminartag war, und in die zweite Spalte bitte ich Sie einzutragen, wie es Ihnen an diesem Tag jeweils ergangen ist. Hier sollen Sie Ihre Gefühle und Ihre Empfindungen (z.B. Enttäuschung, Freude und Ärger usw.), die den Lernprozeß begleiteten, ihn förderten, ihn hinderten, hinschreiben. Und in die letzte Rubrik soll etwas dazu notiert werden, was Sie jeweils mit den Erfahrungen, dem Gelernten für Ihren Alltag außerhalb der Veranstaltung, der ja in knapp drei Stunden beginnt, glauben anfangen zu können. Noch ein Wort zum Verfahren: Sie sollten sich dazu Zeit lassen. Ich nehme an, daß 45 Minuten genügen ...
Anschließend treffen wir uns wieder hier im Plenum und tauschen das aus, was Sie bereit sind zu veröffentlichen.«

> *»Ja wissen's bei diesen modernen Stücken, da müßte am Schluß der Vorstellung einer kommen, der die Leut am Arm packt und ihnen sagt: 'Sie – es ist Schluß!'«*
>
> (Karl Valentin)

Arbeitsblatt zur Auswertung

Seminartage	Montag	Dienstag	Mittwoch	Donnerstag	Freitag
Was war für mich die wichtigste Erfahrung und das wichtigste Lernerlebnis?					
Wie ist es mir ergangen? (Gefühle, Stimmungen)					
Was kann ich mit den Erfahrungen und dem Gelernten außerhalb der Veranstaltungen anfangen?					

Erinnerungscollage

Die Gruppe wird in Kleingruppen aufgeteilt (maximal fünf Teilnehmer). Jede Kleingruppe erhält Bilder, Photos, Stifte, Kärtchen, Kataloge, Zeitschriften, Zeitungen, Prospekte, Kleber, Schere, Plakate.

Der Arbeitsauftrag lautet (Wortlaut):

Wir sind beinahe am Ende unserer Veranstaltung angelangt. Es gilt, den Blick etwas rückwärts zu wenden, um unsere gemeinsame Vergangenheit sichtbar zu machen, nicht zuletzt, damit wir von ihr loskommen können. Ich schlage Ihnen dazu folgendes Verfahren vor: Erstellen Sie bitte mit den Ihnen zur Verfügung stehenden Materialien, das sind jene, die ich Ihnen hier gebe, aber auch die, die Sie selbst haben bzw. auftreiben, eine Collage die den Verlauf unserer gemeinsamen Veranstaltung ausdrückt. Jede Kleingruppe soll ein gemeinsames »Bild« gestalten. Lassen Sie sich von Ihrer Erinnerung, von Ihrer Lust am Spielerischen und vom Material anregen. Nehmen Sie sich 60 Minuten Zeit. Danach haben wir noch eine weitere Stunde für die Präsentation und die Diskussion im Plenum.

»Blicken wir noch einmal kurz zurück ...« Ernst Hürlimann

Eine medienpädagogische Auswertung

Vorgestellt wird ein Beispiel aus einem Fortbildungskurs, der zwei Jahre dauerte. (Das Beispiel ist von B. Oberhoff, der darüber unter dem Titel »Eine Gruppe nimmt Abschied« in der Zeitschrift »Musik und Kommmunikation«, Heft 9/1982 berichtet.) Es handelte sich hierbei um einen Kurs mit dem Titel: »Methodisches Arbeiten mit einzelnen und Gruppen«. Die Kursgruppe umfaßte 27 Teilnehmer (überwiegend Sozialarbeiter/Sozialpädagogen mit mehrjähriger Berufserfahrung), die innerhalb eines Zeitraums von zwei Jahren sechsmal zu einem zweiwöchigen Kursabschnitt zusammenkamen.

Die Teilnehmer wurden vor Beginn des letzten Kursabschnitts per Anschreiben darüber informiert, daß für die letzte Woche der Einsatz verschiedener kreativer Medien (u.a. Film/Video) vorgesehen sei. Die Teilnehmer hatten zwei Tage Zeit ein Abschiedsprodukt zu erstellen. Am vorletzten Tag präsentieren die drei Untergruppen (eine davon die Video-Gruppe) ihre Produkte. Diese »Video-Gruppe« hatte einige Erlebnisse aus dem Kurs szenisch dargestellt und mit der Kamera aufgenommen. Es waren folgende Szenen:

1. Szene »Anfangsängste«:
Mit schweren, großen Koffern bepackt, betraten vier Teilnehmer unsicher den Plenumsraum, setzten sich in großer Entfernung isoliert voneinander auf die Stühle und verschanzten sich hinter ihren großen Koffern, die sie wie einen Schutzwall vor sich auf die Knie gestellt hatten. Sie lugten vorsichtig hinter den Koffern vor und duckten sich, wenn die Kamera ihr »Auge« auf sie richtete. Auf die Vorderseite der Koffer hatte jeder ein Schild geheftet, auf dem zu lesen war, was er so schwer in seinem Koffer mit sich trug: »Angst«, »Gefühle«, »Vorurteile«, »Normen«.

2. Szene »Kommunikationsversuche«:
Die vier Teilnehmer hatten sich zu einem kleinen Kreis zusammengesetzt und begannen, mit unterschiedlichen Kommunikationstechniken aufeinander einzuwirken, etwas aus dem Koffer herauszulassen: mal einfühlend zugewandt, mal normativ fordernd, mal ungeduldig Ärger mitteilend, Feedback gebend etc.

3. Szene »Kleine Lernerfolge«:
Es gelang schließlich den »Angst-Koffer« kurzzeitig zu öffnen, einige »Gefühle« herauszulassen, die »Normen« neu zu sortieren und einige »Vorurteile« über Bord zu werfen.

Zwischen diesen Szenen waren Ausschnitte aus Spielfilmen eingeblendet, welche die gespielten Szenen in ihrer Aussage ergänzen sollten. So war Gerd Fröbe zu sehen (aus »Die tollkühnen Männer in ihren fliegenden Kisten«), wie er im Ringelbadeanzug den Sprung ins kalte Wasser wagt, oder aus dem gleichen Film einige Bruchlandungen von Flugzeugen (die bildliche Darstellung von im Kurs erlebten »Bruchlandungen«) und eine Szene, in der ein Mann versucht, in einem Bach mit der Hand Fische zu fangen, die ihm immer wieder aus der Hand gleiten und die er nicht zu packen bekommt (so wie einem die Gefühle in der Auseinandersetzung in Beziehungen oft entgleiten).

Die Gruppe hatte mit dieser Video-Darbietung eine Reihe von sehr treffenden Bildern für Erlebnisse im Rahmen dieser Fortbildung gefunden.
Für die Spieler selbst hatten die Szenen sichtbar kathartische Wirkung. Sie konnten noch einmal im Rollenspiel in ein sie bedrückendes Gefühl hineingehen und es szenisch ausdrücken. Diese Wirkung wurde am deutlichsten ausgesprochen von dem Teilnehmer mit dem »Angst-Koffer«. Er fühlte sich wie befreit am Ende dieser Gruppenarbeit. Er hatte sich zu seiner Angst bekannt, sie szenisch dargestellt und sie der ganzen Gruppe gezeigt. Damit hatte er ein Stück Aufarbeiten von Gefühlsresten (»das mußte ich noch loswerden«) und Dank an die Gruppe zugleich geleistet.

Die kleinen Schlüsse: Tagesauswertung

Auswertung, Bilanzierung, ist nicht nur ausschließlich eine Aufgabe, deren Bearbeitung am Ende des gesamten Gruppenprozesses anliegt. Da in der Auswertung immer auch ein Potential zur Veränderung liegt, ist es sinnvoll, bereits dann einmal auf das, was geschieht, zu schauen, wenn noch Gelegenheit zur Korrektur besteht. Daher sind Zwischenauswertungen, z.B. am Ende eines Seminartages, sehr zu empfehlen.

Dazu eignet sich der Bogen auf der nächsten Seite, auf dem Sätze von allen Beteiligten zu ergänzen sind.

Einzelarbeit (ca. 15 Minuten), dann Besprechung im Plenum (wobei die Blätter bei jenen, die sie ausgefüllt haben, bleiben sollen).

101

Tagesauswertung

Aufgabe: *Bitte ergänzen Sie folgende Sätze:*

1. Mir war heute sehr hilfreich, daß _____

2. Es wäre heute wichtig gewesen, wenn _____

3. Ich empfand Langeweile, als_____

4. Für mich war besonders interessant, daß _____

5. Ich fühlte mich abgehängt, weil _____

6. Mich überrascht heute etwas, daß _____

7. Ich war enttäuscht, als_____

8. Ich war froh, über _____

Bilanzieren

Wer wirklich Interesse an einer Bilanz dessen hat, was im Bildungsprozess erreicht wurde, der/die muß die Schlußsituation von der Erfolgskontrolle trennen. Sinnvoll sind z.B. sogenannte Bilanzgespräche nach mehreren Wochen. Lernen nämlich braucht, wie Infektionen generell, Inkubationszeiten um sichtbar und bemerkbar zu werden.
»Denn«, so der Abt Rupert Kornmann (1814, S. 84), »es ist das Schicksal der Staaten sowie einzelner Menschen, erst klug zu werden, wenn die Gelegenheit, es zu sein, verschwunden ist.«

In der Therapie hat man mit solchen Bilanzgesprächen sehr gute Erfahrungen gemacht, nicht zuletzt, weil man dabei feststellte, daß die Patienten sehr selbständig an dem weitergearbeitet haben, was in der therapeutischen Sitation angestoßen wurde (vgl. dazu W.V. Lindner 1990).

Nicht für die Schule, für das Leben lernen wir ...

Morgen gehe ich zum letzten Mal in die 8. Klasse, die ich zwei Jahre in Religion und Deutsch unterrichtet habe. Eine Klasse, in die ich gerne gegangen bin, ich trenne mich ungern von ihr. Was soll ich in der letzten Stunde machen? Noch einmal den Konjunktiv üben, weil der letzte Test so schlecht ausgefallen ist? Mit den Schülern spielen? Über meine Traurigkeit reden? Aber das Gefühl ist in mir drin, und was machen die anderen mit meinen Gefühlen, wenn ich sie von innen nach außen kehre? Ich bin ratlos und würde der Abschiedssituation am liebsten aus dem Wege. Aber: Ich wäre auch unzufrieden, wenn die Stunde morgen ausfiele.

(H. Grau/B. Seidler 1989, S. 3)

Auf der Suche nach dem guten Ende!

Im Duell: Goethe gegen Schiller

Hochachtungsvoll verharre ich Euer Hochwohlgeboren gehorsamster Diener und aufrichtigster Verehrer.
(Schiller an Goethe, 13.6.1794)

Leben Sie recht wohl und gedenken mein in Ihrem Kreise.
(Goethe an Schiller, 27.8.1794)

Alles bei uns empfiehlt sich Ihrem freundschaftlichen Andenken, und ich bin mit der herzlichsten Verehrung der Ihrige.
(Schiller an Goethe, 31.8.1794)

Leben Sie recht wohl und lassen mich nicht ferne von sich und den Ihrigen sein.
(Goethe an Schiller, 2.12.1794)

Da die Post sogleich abgeht, so habe ich nur soviel Zeit, um Ihnen für die Güte, mit der Sie meine Bemerkungen aufnahmen, und für den übrigen Inhalt Ihres Briefes von ganzem Herzen zu danken.
(Schiller an Goethe, 3.12.1794)

Leben Sie recht wohl und halten Sie sich frisch. Möchten Sie doch durch körperliche Zufälle nicht so oft in Ihrer schönen Geistestätigkeit gestört werden.
(Goethe an Schiller, 5.12.1794)

Meine Frau empfiehlt sich Ihnen bestens. Leben Sie recht wohl und behalten uns in freundschaftlichem Angedenken.
(Schiller an Goethe, 6.7.1795)

Leben Sie recht wohl. Lieben Sie mich. Empfehlen Sie mich den lieben Frauen und Ihrer Frau Mutter. Das Schwiegertöchterchen säumt noch.
(Goethe an Schiller, 28.10.1795)

Haben Sie die neuen Musen-Almanache angesehen? Sie sind horribel. Leben Sie recht wohl.
(Schiller an Goethe, 1.11.1795)

Leben Sie recht wohl! Mögen wir recht lange uns der Unsrigen und unserer Freundschaft erfreuen. Zum neuen Jahre hoffe ich Sie wieder auf einige Zeit zu besuchen.
(Goethe an Schiller, 21.11.1795)

Leben Sie recht wohl. Ich freue mich, wenn wir nach Neujahr wieder eine Strecke lang miteinander leben können.
(Schiller an Goethe, 23.11.1795)

Grüßen Sie Humboldt recht vielmals und sagen mir bald ein Wort, wie Sie sich befinden, und wie Ihre Arbeit gelingt.
(Goethe an Schiller, 5.12.1796)

Ich umarme Sie von ganzem Herzen.
(Schiller an Goethe, 9.12.1796)

Leben Sie recht wohl, grüßen alles und erhalten mir Ihre so wohlgegründete Freundschaft und Ihre so schön gefühlte Liebe, und sein Sie das Gleiche von mir überzeugt.
(Goethe an Schiller, 10.12.1796)

Leben Sie recht wohl, mein teurer, mir immer teurerer Freund. Mich umgeben noch immer die schönsten Geister, die Sie mir hier gelassen haben, und ich hoffe immer vertrauter damit zu werden. Leben Sie recht wohl.
(Schiller an Goethe, 4.4.1797)

Leben Sie recht wohl, grüßen die Ihrigen und lassen von meinen Briefen, außer den Nächsten, niemand nichts wissen noch erfahren.
(Goethe an Schiller, 17.8.1797)

Leben Sie wohl. Sehen Sie doch das Blatt an, worein ich packe.
(Schiller an Goethe, 15.9.1797)

Leben Sie wohl und lieben mein liebendes Individuum trotz allen seinen Ketzereien.
(Goethe an Schiller, 5.5.1798)

Meine Frau grüßt.
(Schiller an Goethe, 9.11.1798)

Leben Sie recht wohl, ich sage nichts weiter.
(Goethe an Schiller, 10.11.1798)

Leben Sie recht wohl in Ihren jetzigen Zerstreuungen. Wie wünschte ich, daß Sie mir Ihre Muse, die Sie jetzt gerade nicht brauchen, zu meiner jetzigen Arbeit leihen könnten.
(Schiller an Goethe, 30.11.1798)

Leben Sie recht wohl und verzeihen Sie der abermaligen Unfruchtbarkeit dieses Briefes, der ich durch eine Portion Rüben nachzuhelfen suche.
(Goethe an Schiller, 6.3.1799)

Noch mehr findet man bei E. Henscheid/F.W. Bernstein (Hrsg.) Unser Goethe, Zürich 1982, S. 340-345.

Transfer

Übergänge gestalten

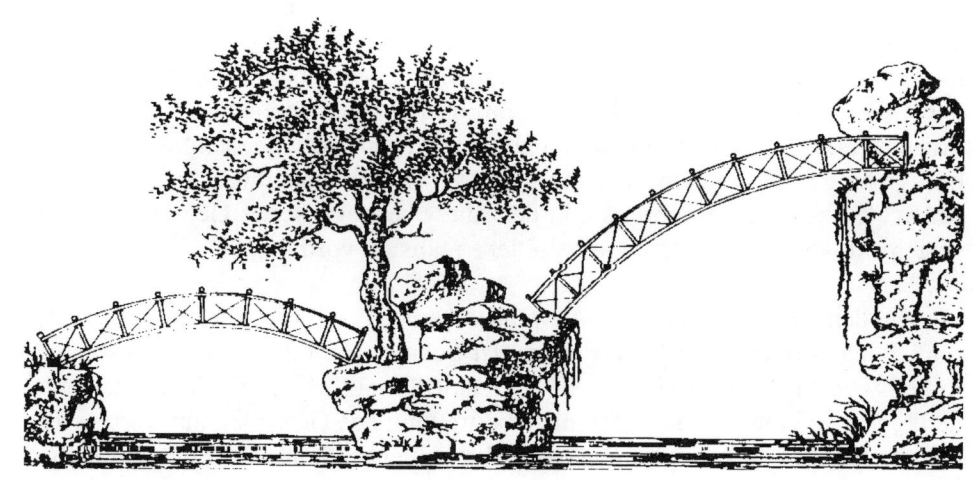

Was, wenn die Gleise enden?

Seitdem es üblich geworden ist, Fußballspieler unter starker Anteilnahme der Öffentlichkeit und ihrer Medien zwischen Vereinen des In- und Auslandes hin- und herzuschieben, ist das Fremdwort »Transfer« kein fremdes Wort mehr. Auch in der Bildungsszene ist es nicht ungebräuchlich. Gemeint ist dabei aber – im Gegensatz zum Sport – nicht der Wechsel von Geld und Personen (obgleich so mancher Dozent von einem Transfermarkt für Lehrende träumt, der dem von Fußballspielern nahekommt). Transfer bedeutet im Bildungsprozeß vielmehr die Übertragung des Erlernten, d.h. des Wissens, des Verhaltens, des Könnens, von der Lehr-/Lernsituation in Anwendungssituationen der Alltagspraxis. »Nicht für die Schule, für das Leben lernen wir« ist dafür das mahnende Motto. Und weil das so gerne vergessen wird, muß es über den Portalen der unterschiedlichsten Bildungsanstalten angebracht werden. Bleiben wir bei unserem Beispiel:
Auch in diesem Sinne hat ein Fußballspieler Transferarbeit zu leisten: Er muß und soll das im Training Erlernte in die Ernstsituation eines Wettkampfes übertragen, er muß die ihm vom Trainer mitgegebenen strategischen Überlegungen in reales Handeln umsetzen. Ganz ähnlich liegen die Transfernotwendigkeiten in der Erwachsenenbildung, speziell in der beruflichen Erwachsenenbildung. Lernt z.B. eine Teilnehmerin in einem Buchhaltungskurs die Grundregeln des Buchens, so muß die Dozentin, will sie ihren Unterricht nicht nur als folgenlose Spielwiese begreifen, durch entsprechende Maßnahmen auf die Anwendungssituation, z.B. jene im Betrieb, Bezug nehmen. Die Teilnehmerin muß also Transferfähigkeiten entwickeln. Dafür gibt es Hilfestellungen. Üblich sind z.B. Übungen, die die spätere Ernstsituation möglichst echt simulieren. Geschäftsvorfälle werden (in unserem Buchhaltungsbeispiel) wirklichkeitsgetreu konstruiert und in der Veranstaltung auf der Basis des gelernten Wissens zu bearbeiten versucht. Die für Dozenten und Dozentinnen bei jedem Lehr-/Lernprozeß immer wieder neu zu stellende Frage heißt: Zu welchem Zeitpunkt und bei welchem Lerninhalt sollten Transferbezüge hergestellt werden? Die Praxis gibt hier eine eindeutige Antwort: Es ist der Schluß von Veranstaltungen, in dem die Übertragung des Gelernten auf die spätere Anwendungssituation mit Vorliebe realisiert wird.

»Feststellen und Festhalten«, »Anwenden und Üben« sind die üblichen »Beschließungsformen« von Unterricht in der Schule – und dies wird auch so empfohlen (vgl. M. Bönsch 1970, S. 30ff.). Die Bildungsarbeit mit Erwachsenen ist nicht ganz so eintönig. Transfer, als Übertragung des Gelernten auf vorraussehbare (mögliche) Alltagssituationen, geschieht hier nicht nur am Ende von Lehr-/

Lernprozessen, und sie geschieht häufig origineller als in der Schule, wo die Hausaufgaben das weitaus beliebteste Verfahren zum Übertragen und Anwenden darstellen (kritisch dazu: H. Pütt/H. Susteck 1986). Insbesondere in der beruflichen und dort vor allem in der betriebsbezogenen Erwachsenenbildung werden Transfergesichtspunkte bereits bei der Ausschreibung, der Auswahl und der Zusammenstellung der Lerngruppe und des Lehrpersonals (Dozenten, Trainerinnen) berücksichtigt. Es gibt dafür ökonomische, aber auch sinnvolle pädagogische Argumente. Je deutlicher die Lernenden bereits zu Beginn der Bildungsveranstaltung um die Verwendungssituation dessen, was dort gelernt werden soll, wissen, um so eher können sie selbst im Hinblick auf den Transfer steuernd in den Lehr-/Lernprozeß eingreifen, und je mehr Lehrende von der späteren Anwendungssituation verstehen (also Feldkompetenz haben), um so besser ist es ihnen möglich, die Bildungsinhalte an der zukünftigen Anwendungssituation auszurichten. Die Übertragung von Fähigkeiten, Kenntnissen, Erfahrungen und Verhaltensweisen auf Situationen außerhalb der Lernsituation ist, so gesehen, kein Problem von Schlußsituationen allein. Transfer ist eher ein didaktisches Prinzip, das es in allen Phasen des Bildungsprozesses zu berücksichtigen gilt, das sich jedoch in dessen verschiedenen Phasen unterschiedlich darstellt. Eines jedoch – und dies wird häufig übersehen – gilt für alle Transferbemühungen gleichermaßen: Transfer kann nicht im Lehr-/Lernprozeß einer Bildungsveranstaltung geleistet werden; es können immer nur fördernde (oder hemmende) Bedingungen für den Transfer entwickelt und realisiert werden. Der Transfer selbst ist ja nur in jenen Situationen möglich, in die die Teilnehmer nach dem Ende des Lehr-/Lernprozesses kommen. Unter diesem Aspekt beschreibt »Transfer« die Form des Anfangs nach dem Schluß, bzw. die Verbindung zwischen Wiederanfangssituation im Alltag und Schlußsituation in der alltagsdistanzierten Bildungsveranstaltung.

Chaplin in the Circus

Der Transfer ist das Astloch im Zaun der Seminargrenze, das den Blick dorthin öffnet, was sich jenseits der Veranstaltung befindet.[26] Dann aber ist die schwierige Aufgabe, einen guten Transfer zu ermöglichen, nicht mehr nur eine Leistung der Verantwortlichen in den Veranstaltungen, sondern ebenso eine der Lernenden selbst und derer, die Gestaltungsverantwortung in den Alltagssituationen (z.B. in den Betrieben) besitzen. In den differenzierteren Konzepten der beruflich-be-

---

26 Manchmal kommt es vor, daß Seminarleiter und Teilnehmer von diesem Blick süchtig werden. Dann sieht man nurmehr ihre Hintern. Kein schöner Anblick und auch keine schöne Lernerfahrung. Dann schon lieber jene Gestalten, die bei untergehender Sonne auf den Horizont zugehen.

Exkurs zum Wort »Transfer«

Der Ursprung des Wortes liegt im lateinischen »transferre«: hinübertragen, übertragen. In dieser Bedeutung hat es im Angelsächsischen Fuß gefaßt (to transfer: übertragen, überweisen, umbuchen). Im 18. Jahrhundert taucht das Wort auch im deutschsprachigen Raum auf, zunächst im kaufmännischen Sprachgebrauch. Die vielfältigen Anwendungsmöglichkeiten, die wir heute kennen, stammen vor allem aus dem 20. Jahrhundert. So sprechen wir heute vom Transfer im Bankwesen als Übertragung von Zahlungen zwischen verschiedenen Währungsgebieten; vom »Technologie-Transfer« in Entwicklungsländer; vom Transfer wissenschaftlicher Erkenntnisse in die Praxis; in der Fertigungstechnik von einer »Transferstraße« als Form der Fließbandarbeit; in der Psychologie vom Transfer im emotionalen Bereich. Im pädagogischen Zusammenhang ist ein von dem amerikanischen Psychologen Thorndike geprägter Ausdruck »transfer of training« zunächst zu uns gekommen; er meint die Übertragung einer erlernten Fähigkeit auf eine ähnliche Situation. Transfer wurde zu einem wichtigen Thema lernpsychologischer Forschungen und Theorien.

(H. Blaschek 1990, S. 16)

trieblichen Weiterbildung reagiert man darauf auch entsprechend (vgl. R.Th. Stiefel 1974), indem man die Sicherung des Lerntransfers zu einer zentralen Aufgabe der Personalentwicklung macht. Dies jedoch soll in dem thematischen Zusammenhang von »Schlußsituationen« nicht weiter Gegenstand der Erörterungen sein. Wichtig für das Schlußthema, und nur darum geht es hier, sind Antworten auf die Fragen:

1) Wie kann und soll am Ende von Lehr-/Lernprozessen sinnvoll mit der Notwendigkeit des Transfers umgegangen werden?
2) Was ist in Schlußsituationen zu tun, damit die Lernenden unterstützt werden, die notwendigen Transferleistungen zu vollbringen?

1) Wie kann sinnvoll mit der Notwendigkeit des Transfers umgegangen werden?

Wie bereits geschrieben: Transfer ist kein Problem des Schlusses von Lehr-/Lernprozessen alleine, aber er ist auch ein Problem dieser Situation. Die Sozio- und die Psychodynamiken von Abschlußsituationen (diese sind ausführlich an anderer Stelle geschildert) lassen es nur bedingt zu, sich dem Transfer der Lernergebnisse in aller Ausführlichkeit zu widmen (wie dies häufig von Dozenten und Dozentinnen getan wird, die solche Dynamiken weitgehend ignorieren, und das Ende des Gruppenprozesses ganz auf das Thema »Transfer« hin ausrichten).

Die wichtigste Voraussetzung für einen produktiven Umgang mit dem Transferthema ist, daß bereits *vor* der Schlußphase transferunterstützende Aktivitäten im Kurs erfolgen. D.h., Transfer darf kein neues Thema für die Beteiligten in Schlußsituationen sein, sondern eines, das es gilt, durch die Aktualität der Übergangssituation stimuliert, wieder aufzunehmen. Für neue Inhalte nämlich ist die Schlußsituation denkbar ungeeignet, da die Energie und das Interesse der Beteiligten auf die Bewältigung der psychosozialen Prozesse ausgerichtet ist.

Transferaktivitäten können aber eine wichtige Funktion bei einem produktiven Umgang mit den trennungsorientierten Problemen bei Abschlüssen von Lehr-/Lernprozessen haben. Dann nämlich, wenn durch und über sie die Thematik »Übergang« für die Beteiligten erlebbar und erkennbar wird, wenn der Schluß (des Kurses) auf einen Anfang (z.B. im Betrieb) hinweist. Transferaktivitäten könnten dann eine Brückenfunktion zwischen Lehr-/Lernsituation und Alltagssituation herstellen, ohne den strukturellen Bruch zwischen diesen beiden Situationen zu unterschlagen (der in manchen Veranstaltungen durch ein »freies« Wo-

chenende abzufedern versucht wird).[27] Diese Perspektive erweitert die einge-
schränkte, häufig gestellte Frage: »Wie übertrage ich die Lern*inhalte* in die der
Veranstaltung folgende Praxissituation?« um die Problemstellung: »Wie gehe ich
mit den im Seminar gemachten Lernerfahrungen in der Alltagspraxis um?«.

Insbesondere in länger andauernden Bildungsveranstaltungen (die z.B. eine Woche oder länger dauern) und auch in jenen, die von der Alltagspraxis räumlich und
sozial distanziert (z.B. in abgelegenen Bildungshäusern) stattfinden, ist es wichtig, im jeweiligen Kurs mit dieser Distanz und Besonderheit der Lehr-/Lernsitua-
tion so umzugehen, daß der Übergang in den üblichen Alltag ohne allzugroße
Verwirrung und Verängstigung möglich wird. Dies gilt speziell für Kurse, die auf
die Überprüfung und Veränderung von Verhalten und Einstellungen abgestellt
sind (z.B. gruppendynamische Veranstaltungen). Der Transfer ist in solchen Veranstaltungen auch ein emotionaler und ein affektiver Transfer.

Mit Hilfe der von A. Mitscherlich (1963, S. 27 ff) angebotenen Differenzierung
der Bildungsebenen: »Sachbildung«, »Sozialbildung«, »Affektbildung« läßt sich
dies verdeutlichen. Jeder Bildungsprozeß hat einen Inhalt, d.h., es geht um eine
Sache, die es auf die Anwendungssituation zu transferieren gilt (soll Bildung nicht
Selbstzweck sein, was sie häufiger als angenommen ist). Das zu Beginn dieses
Abschnitts angeführte Buchhaltungsbeispiel spricht genau diese sogenannte
Sach-Ebene von Bildungsaktivitäten an.

Jeder Lehr-/Lernprozeß ist aber auch ein sozialer Erfahrungsprozeß. Man macht
z.B. die soziale Erfahrung, Schüler (Lernender) zu sein. Das Transferproblem
stellt sich auf der sozialen Ebene ebenso. Die mit vielen Lernerfahrungen verbundene Rolle des Lernenden, des Abhängigen, des Teilnehmers, des Schülers muß
in der Übergangssituation in die Rollenvielfalt des Alltags transferiert werden. So
stellen sich beispielsweise die Fragen: Wie gehen die Teilnehmer mit ihren Ab-
hängigkeitserfahrungen innerhalb der Lehr-/Lernsituation in ihrer kommenden
Vorgesetztenrolle/Untergebenenrolle im Betrieb um? Hat das, was im Gruppen-

---

27 Dies ist optimistisch, aber nicht ganz unrealistisch, wenn man die Perspektive auf Einzel-
veranstaltungen der Erwachsenenbildung beschränkt. Schaut man auf die »großen Übergänge« zwischen Bildungssystem und Beschäftigungssystem (z.B. von der Lehre, vom
Studium in die Berufstätigkeit), dann gelingen die Anschlüsse immer weniger als sanfter
Übergang. Es wird, bedingt durch die Beschleunigung des technischen und sozialen Wandels, immer schwerer, die Bildungsprozesse auf die zukünftigen Anforderungen des Ar-
beitssystems und der Lebenswelt abzustimmen. Über kurzfristig arrangierte Weiterbil-
dungsangebote wird versucht, jene Anschlüsse herzustellen, die über Ausbildung immer
weniger möglich sind. Übergang wohin? wird in unserer Gesellschaft eine immer drängen-
dere Frage für immer mehr Menschen (vgl. dazu W. Wittwer 1992).

»Dauerten wir unendlich
So wandelte sich alles
Da wir aber endlich sind
Bleibt vieles beim Alten.«

(B. Brecht)

prozeß erlebt wurde, Auswirkungen auf soziale Prozesse in der Lebenswelt außerhalb der Bildungsveranstaltung? Und wenn, welche? Dies sind Leitfragen für Transferanstrengungen in Schlußsituationen, die die emotionale und die affektive Ebene von Bildungsprozessen mit einschließen. Nur wenn diese neben den Inhaltstransfers Berücksichtigung finden, sind ökologische Übergänge möglich.[28] Aber auch dann sollte man in der Position des oder der Hauptverantwortlichen für die Gestaltung von Schlußsituationen bei dem, was man unternimmt, sich nicht allzu viel vornehmen.

Das Leben geht weiter, manchmal – wie Karl Kraus bemerkte – weiter als erlaubt!

28 Dann auch wird das bearbeitbar, was in der Bildungspraxis gerne umgangen wird: Die suchtähnliche Flucht in die Ersatzwelt »Bildungsveranstaltung«. Die Ursachen dafür liegen häufig in schmerzhaft erlebten und wenig gestützten Übergängen (Praxisschock) zwischen Bildungssituation und Alltagssituation. Weil man sich vor dem Leben und der Konsequenz dessen, was man gelernt hat, außerhalb der Veranstaltung fürchtet, sucht man immer wieder das Surrogat eines veranstalteten Lehr-/Lernprozesses.

Die drei Transferebenen des Lehr-/Lernprozesses

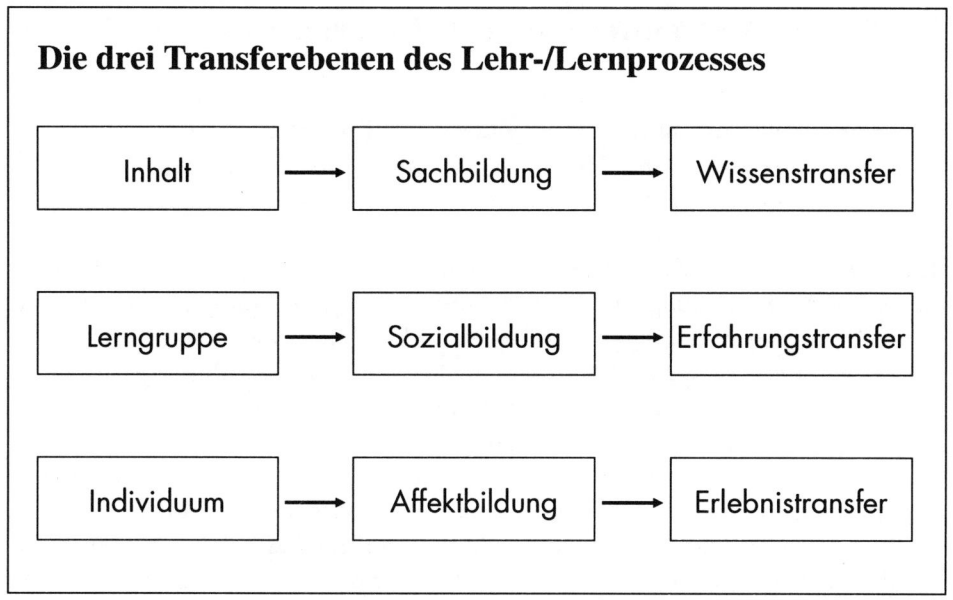

Inhalt	→	Sachbildung	→	Wissenstransfer
Lerngruppe	→	Sozialbildung	→	Erfahrungstransfer
Individuum	→	Affektbildung	→	Erlebnistransfer

2) Wie können transferorientierte Übergänge aussehen?

Die Antwort hierauf kann nur darin bestehen, eine Richtung zu zeigen, aber nicht die eigene Begleitung aufzudrängen. Oder radikal (so Flauberts Bouvard): *»Langsam, langsam mit den Methoden. Sie haben noch Zeit, denn die Kinder sollen erst einmal in aller Ruhe vergessen, was sie bisher gelernt haben.«*

Relativ verbreitet ist in der Praxis (speziell in Veranstaltungen der beruflich-betrieblichen Weiterbildung) die Entwicklung von Transferstrategien. Gegen Ende von Bildungsveranstaltungen z.B. werden die Teilnehmer aufgefordert, ihre wichtigsten Lernerfolge (auf den verschiedenen Ebenen des Bildungsprozesses: inhaltlich, sozial, affektiv) zu resümieren und danach zu gewichten, inwieweit sie diese in der auf sie zukommenden Alltagssituation (Arbeitssituation) anwenden möchten. In einem weiteren Schritt könnten dann jene Personen und Strukturen benannt werden, die den Transfer in der Ernstsituation evtl. befördern und jene, die ihn evtl. behindern. In einem dritten Arbeitsauftrag ließe sich (Untergruppenarbeit eignet sich hierfür sehr gut) eine Strategie der Anwendung des Gelernten entwickeln.

Insbesondere für verhaltensorientierte Lerntransfers eignen sich Rollenspiele, in denen die Echtsituation simulatorisch vorweggenommen wird. Die Beteiligten suchen sich dabei Situationen, in die sie aller Voraussicht nach in ihrer zukünftigen Alltagssituation kommen. Sie entwickeln ein »kleines Drehbuch«, besetzen die Rollen mit Gruppenteilnehmern und spielen selbst jene Person, die den Transfer versucht. Die Spielsequenz sollte dabei nicht allzu lange dauern. Die Auswertung wird durch die Spieler und die Beobachter gründlich, offen und teilnehmerorientiert vorgenommen.

Sehr leicht ist bei einer Rollenspielübung die Auswertung nach den drei Bildungsebenen: Nach dem, was inhaltlich transferiert werden soll, wie die soziale Situation zu gestalten ist und wie die den Transfer initiierende Person Akzeptanz für das Neue zu entwickeln vermag.

Rollenspiele sind sehr gute Transfermethoden. Sie eignen sich während der gesamten Veranstaltung für Transferleistungen. In Schlußsituationen sollte man eher vorsichtig mit ihnen umgehen, damit nicht mehr allzuviel an Dynamik freigesetzt wird, für deren Bearbeitung dann keine Zeit mehr bliebe.

Manche Trainer/Trainerinnen lassen im Hinblick auf die Übertragung des Gelernten in die Praxis nach dem Seminar ein Lerntagebuch führen. Dabei erhalten die Teilnehmer/Teilnehmerinnen während einer Veranstaltung (offiziell) jeden Abend

20–30 Minuten Zeit, um sich Notizen zu machen. Zu empfehlen ist dabei eine Anleitung wie z.B.:

a) Was war mir von den Lerninhalten heute besonders wichtig?
b) Was will ich davon (in welcher Art und Weise) in meine Praxis übernehmen?

Für den Abschlußtag der Veranstaltung kann dieses Material eine gute Basis für eine zusammenfassende Besprechung des Praxisbezuges abgeben.

Sehr gute Erfahrungen in Veranstaltungen mit sozialen und personenorientierten Lernzielen habe ich mit den beiden folgenden Übungen gemacht. Absicht dieser Verfahren ist die Verkoppelung dessen, was in der abgelaufenen Veranstaltung gelernt und erfahren wurde, mit jenem, was sich die Beteiligten als Entwicklungsaufgaben stellten. Gegenwärtige und beabsichtigte zukünftige Lernprozesse können so miteinander verbunden werden. Bei diesen Übungen kann sehr viel Kreativität freigesetzt werden, da sie den Transfer nicht nur sprachlich bearbeiten. (Immer jedoch gilt: Solche Übungen sind nicht überall einsetzbar. Das Notwendige dazu hat der Sachverständigenrat zur Begutachtung der gesamtwirtschaftlichen Entwicklung in seinem Jahresgutachten 1977 [Ziffer 339] in genialer Art und Weise formuliert: *»Wir wissen, daß es auch anders kommen kann. Und in diesem Jahr spricht vielleicht vieles dafür, daß das, was tatsächlich geschieht, eher besser als schlechter sein wird als jene Entwicklung, die wir für am wahrscheinlichsten halten. Aber das ist zu ungewiß.«*)

● **Inselübung**

Arbeitsaufgabe

Sie befinden sich im Meer der Möglichkeiten. Um Halt zu gewinnen, zimmern Sie sich eine Insel zurecht.
Markieren Sie mit *grünen Karten* alle jene Fähigkeiten/Fertigkeiten/Erkenntnisse die aus Ihrer Sicht Ihren festen Boden ausmachen. Also alles dies, was Sie können, was Ihnen sicher erscheint.
Den Rand der Insel, dies ist die Zone des Schwemmlandes, markieren Sie mit *weißen Karten*. Darauf schreiben Sie jene Fähigkeiten/Fertigkeiten/Kenntnisse, die Sie demnächst zu befestigen vorhaben.
Und anschließend an das weiße Schwemmland markieren Sie mit *roten Karten* das, was Sie gedenken an Ihre Insel im Meer der Möglichkeiten anzubauen.

115

Notwendiges Material

Für jede Person ein großes Plakat, genügend grüne, weiße, rote Kärtchen. Klebstoff, Schere, Filzstifte in unterschiedlichen Farben.

Durchführung

Einzelarbeit 45–60 Minuten. Präsentation in Plenum in folgenden Schritten:
1) Alle breiten ihre Insel im Raum aus
2) Betrachten der »Inseln« durch Herumgehen (10 Minuten)
3) Jede Teilnehmerin/jeder Teilnehmer stellt ihre/seine Insel vor (pro Person ca. 7 Minuten)
4) Besprechung des Gemeinsamen, der Unterschiede (30 Minuten)
5) Die Teilnehmer nehmen ihre Plakate (Inseln) mit.

● **Der Weg zum Schloß »Anderswie«**

Etliche Bildungsprozesse sind darauf ausgerichtet, die Realität *nach* der Veranstaltung zu verändern. Manchmal handelt es sich dabei um Alternativen zum Bestehenden. Für solche Lehr-/Lernziele eignet sich folgende Transferübung.

Aufgabenstellung

In unserer Veranstaltung werden Alternativen zu jener Realität aufgezeigt (bzw. erlebt), die Sie gewohnt sind, aus der Sie hierher kommen. Nun geht es darum, diese Alternativen auch in die Praxis umzusetzen. Dies ist eine schwierige Aufgabe. Daher sind einige Mühen bereits in der Vorbereitungsphase zu dieser Umsetzung notwendig.
Bitte nehmen Sie bunte Stifte und ein großes Plakat, und zeichnen Sie eine Antwort auf die Fragen:
– Wie stelle ich mir das Schloß »Anderswie« vor?
– Wie komme ich zu dem Schloß?
  (Zeichnen des Weges, der Umwege, der Hindernisse usw.)
Zeit: 60 Minuten (Einzelarbeit)

Auswertung

Die Einzelzeichnungen (Plakate) werden anschließend im Gruppenraum (Plenum) ausgelegt und besprochen. Wobei es sinnvoll ist, daß zuerst Assoziationen,

116

spontane Eindrücke usw. geäußert werden, bevor jene Teilnehmer/innen, die das Bild gemacht haben, ihre Zeichnung erklären. Dazu werden für jedes Bild ca. 10 Minuten benötigt.

Material

Plakate (Flipchart-Blätter) für alle Teilnehmer, bunte Stifte (Filzstifte oder Wachsmalkreiden).

Ein zweiter, etwas anderer Weg zum Schloß »Anderswie«

Jene, die Neigungen zu offenen Arbeitsaufgaben haben, die mit viel Phantasie, Kreativität und breiten Assoziationen arbeiten möchten, sei empfohlen, die Teilnehmer der Bildungsveranstaltung mit der auf sie zukommenden Ernstsituation durch die Formel zu konfrontieren:

»Morgen Kinder wird's was geben ...«
»Was wohl?«

Und bevor die Beteiligten dazu etwas sagen, sollte ihnen Zeit (ca. 45 Minuten) gegeben werden, um nachdenkend vorauszudenken und vorauszuleben (falls es so etwas gibt).

Wenn Sie das Porzellan mit etwas Holzwolle liefern wollen:
Hier sind die Noten. (Vorsicht beim Vorsingen. Üben Sie vorher, damit Sie nicht am Schluß noch Ihren Dozentenbonus versingen!)

Morgen, Kinder, wird's was geben

1. Mor - gen, Kin - der, wird's was ge - ben, mor - gen wer - den wir uns freu'n; welch ein Ju - bel, welch ein Le - ben wird in un - serm Hau - se sein! Ein - mal wer - den wir noch wach, heis - sa dann ist

Notwendige Nachbemerkungen

Für die dargestellten Transferverfahren gilt, daß sie sinnvollerweise gegen Ende von Lehr-/Lernprozessen eingesetzt werden, sie sollten aber nicht das Ende sein. Anschließend an sie kann dann der Abschied erfolgen. Sie selbst sind keine Methoden, die den Abschied ersetzen.

In Schlußsituationen wird der organisierte Teil des gemeinsamen Lernens abgeschlossen. Lernprozesse der Beteiligten sind damit nicht notwendigerweise zu Ende, hoffentlich nicht. Lernerfolge stellen sich häufig erst nach längerer Inkubationszeit ein.

Und nicht nur dies: Es sind häufig insbesondere die abgebrochenen, die nicht abgerundeten Lernerfahrungen, die im Gedächtnis haften bleiben und dadurch verzögert fruchtbar werden.[29] L. Feuerbach (1967, S. 8) hat das bei sich selbst beobachtet: »Mich interessiert und fesselt ein Gegenstand nur so lange, als er mir noch Schwierigkeiten macht, als ich noch nicht im reinen bin, als ich mit ihm gleichsam noch zu kämpfen habe.« Eine fruchtbare Dunkelheit ist allemal mehr wert als eine voreilige Klärung. Und für so manche Dozentin und manchen Trainer ist die Vorstellung tröstlich, daß vielleicht, in Analogie zu Vögeln, die den Samen verbreiten, auch in Bildungsprozessen häufig das Unverdaute die Quelle des Fruchtbaren ist. Das läßt sich ausprobieren – vielleicht bereits im nächsten Kapitel.

29 In die psychologische Literatur ist dieses Phänomen als Zeigarnik-Effekt eingegangen, benannt nach jener Wissenschaftlerin, die Untersuchungen dazu durchführte. Im ersten Band des Handbuchs der Psychologie (1966) findet man dazu folgende Beschreibung: »Zeigarnik geht von der im Rahmen der Lewinschen Feldtheorie sich ergebenden Hypothese aus, daß Vornahmen, die auf die Erreichung eines Zieles gerichtet sind, im Individuum eine Spannung erzeugen. Wird die dadurch inaugurierte Handlung vor Erreichen des Zieles unterbrochen, so bleibt ein Rest von Spannung übrig; diese Residualspannung zeigt sich darin, daß unterbrochene Aufgaben besser behalten werden als erledigte.« (S. 262)

Starke Worte

Der Anfang vom Ende ist immer diskret ...
(H.M. Enzensberger)

Da läuft eine Maus, und die Geschichte ist aus ...
(Märchen)

Wer gibt heute noch etwas für einen gut ausgearbeiteten Tod? Niemand.
(R.M. Rilke)

Es endet immer irgendwo und irgendwann ...
(M.-J. Lermontov)

Um abermals zu enden ...
(S. Beckett)

Nach dem vierten Akt war's dann beim Schluß gar ...
(K. Valentin)

Am Ende des Vortrags trat plötzlich der Schluß ein ...
(K. Valentin)

Der Blick, mit dem mich meine Gastgeberin beim Abschied bedachte,
hatte jedenfalls etwas von einem Rotstift an sich ...
(Saki)

Es kommt der Wirrwarr des Abschieds ...
(A. Carpentier)

Laß den Anfang mit dem Ende sich in eins zusammenzieh'n ...
(J.W. Goethe)

Für den, der nicht zu sterben weiß, ist das Leben ohnehin Knechtschaft
(vita si moriendi virtus abest, servitus est).
(Seneca)

Das Ende interessiert mich nicht.
(J. Baudrillard)

Wenigstens eine Prämisse eines gültigen Schlusses muß bejahend sein.
(Handbuch philosphischer Grundbegriffe)

Der Rest ist Schweigen.
(W. Shakespeare)

Wir wurschteln uns von Ende zu Ende.
(W. Kaempfer)

Ich höre grundsätzlich immer erst 5 Minuten nach 12 auf.
(A. Hitler)

Das Ende ist der Anfang jeden Endes.
(K. Schwitters)

Männer sind gute Anfänger, mittelmäßige Durchzieher
und miserable Ender.
(B. Schabel)

Die Menschen gehen zugrunde, weil sie nicht imstande sind,
den Anfang mit dem Ende zu verknüpfen.
(Aristoteles)

Im Anfang war die Erde leer. Am Ende sind's die Köpfe mehr.
(M. Claudius)

Ende nichts – alles nichts.
(M. Horkheimer)

Am Ende hängen wir doch ab, von Kreaturen, die wir machten.
(J.W.v. Goethe)

Ich glaube, daß nichts zu Ende ist.
(R. Musil)

Man muß anfangen und aufhören können, wenn man will – aber man muß
sich einen Willen anschaffen.
(Novalis)

»Kommt mit uns« sagte der Esel, »etwas besseres als den Tod finden wir
überall.«
(Bremer Stadtmusikanten)

Was einer ist, was einer war, im Scheiden wird es offenbar.
(H. Carossa)

Trauer

Das Individuum macht Schluß

»Gehe ich nur in der Richtung zum Ausgang, sei ich auch noch durch Gänge und Plätze von ihm getrennt, glaube ich schon in die Atmosphäre einer großen Gefahr zu geraten, mir ist manchmal, als verdünne sich mein Fell, als könnte ich bald mit bloßem, kahlem Fleisch dastehen und in diesem Augenblick vom Geheul meiner Feinde begrüßt werden. Gewiß, solche Gefühle bringt schon an und für sich der Ausgang selbst hervor, das Aufhören des häuslichen Schutzes ...« (F. Kafka 1970, S. 365–366)

Muß i denn, muß i denn zum Städtele hinaus ...

Muß i denn, muß i denn zum Städtele 'naus

1. Muß i denn, muß i denn zum Städ-te-le 'naus, Städ-te-le 'naus, und du mein Schatz bleibst
Wenn i komm, wenn i komm, wenn i wie-drum komm, wie-drum komm, kehr i ein, mein Schatz, bei

hier?
dir. Kann i gleich nit all-weil bei dir sein, han i doch mein'Freud' an dir; wenn i

komm, wenn i komm, wenn i wie-drum komm, wie-drum komm, kehr i ein, mein Schatz, bei dir.

»Willst Du das Leben aushalten, richte dich auf den Tod ein (Si vis vitam, para mortem)«. Eine alte Weisheit, die zeitlose Gültigkeit beanspruchen kann und die für all die vielen »kleinen Tode« gilt, die wir »Ende«, »Schluß«, »Scheidung«, »Trennung« usw. nennen. Wir kennen alle die teils komisch, teils tragisch anzusehenden Attitüden jener mächtigen Personen (meist sind es Männer), die, nachdem sie ihre ehemaligen Einflußmöglichkeiten verloren haben, sich nur mehr durch Ersatzhandlungen »am Leben halten«.

»Ich gehe nicht leichten Herzens« (und es ist anzunehmen, daß das eine für die Öffentlichkeit bestimmte Untertreibung war) hat der 87jährige erste Kanzler der Bundesrepublik einem Journalisten bei seinem Abschied gesagt. Es ist bekannt, daß Adenauer den Abschied vom Amt, den Entzug von Macht und Einfluß, nie wirklich überwunden hat. Er ist ein Beispiel für viele – auch für erheblich Jüngere – die nach einem Ende (z.B. ihres Arbeitslebens) nichts Neues mehr anfangen können, die das Leben – und das heißt: sich selbst – nicht mehr aushalten. »Der Abschied wird zu einer Entziehungskur, deren Notwendigkeit natürlich möglichst lange verdrängt wird«, so R. Zundel (1989, S. 46) in seinem Essay über das Leiden der Politiker nach dem Entzug von Macht, Öffentlichkeit, Apparat und Wirkungsmöglichkeiten.

Verbreiteter als Politikerabschiede sind die vielen, nicht ganz so öffentlichkeitswirksamen Fälle, wo Erzieher nicht aufhören können zu erziehen, wo Lehrer nicht vom Lehren, Dozenten nicht vom Dozieren und Trainer nicht vom Trainieren lassen können. Noch häufiger begegnen mir Menschen, die permanent weiter lernen müssen und immer erzogen sein wollen. Dies wird dann auch noch prämiert (von Ministern, die ja auch lieber Weiter- als Schlußmachen).
Pressemeldung des Bundesministers für Bildung und Wissenschaft vom März 1991:

»Annemarie Linkesch, eine 87 Jahre alte gelernte Krankenschwester, erhielt aus den Händen von Bundesminister Ortleb den Ehrenpreis ›Lebenslanges Lernen‹. Nach mehreren Anläufen machte sie mit 77 Jahren ihr Abitur und belegte in den fünf folgenden Jahren als Gasthörerin Vorlesungen und Seminare an der Bonner Universität.«

Das zur Zeit stark favorisierte Konzept des »lebenslangen Lernens« liefert dabei die ideologische Schminke für den schlichten Sachverhalt, daß die Unfähigkeit »Schluß zu machen« zunimmt. Lebenslanges Lernen ist so nur mehr lebenslängliches Lernen.

> Zwischenruf:
>
> *»Darf man ohne Abitur noch sterben?«*

In Anlehnung an die zu Beginn dieses Abschnittes zitierte Formel gilt für unseren thematischen Bezug die Lebensweisheit »willst Du Lehren und Lernen aushalten, richte dich auf deren Ende ein«.
Nun wäre es übertrieben, die »kleinen Schlüsse« von Bildungsprozessen mit den großen Schlußsituationen (Ende des Arbeitslebens, Trennung vom Elternhaus, Scheidung von Ehepaaren – oder noch größer – dem Tod) gleichzusetzen. Und trotzdem, es gibt viel Gemeinsames. Auch das Ende von Bildungsprozessen wird von den Beteiligten individuell jeweils unterschiedlich in Form, Inhalt und Intensität als Verlust erlebt und empfunden. Die Psychoanalyse spricht vom »Objektverlust« und macht dadurch auf die Tatsache aufmerksam, daß die Trennung von Bindungen (Beziehungen) Folgen für die Funktion und die Dynamik des Ich und der weiteren zwischenmenschlichen Kontakte hat. Das kennen wir auch aus anderen Situationen. Mediziner und Psychologen sprechen von Verlustdepressionen z.B. Umzugsdepressionen, Entwurzelungsdepressionen, ja sogar von Beförderungsdepressionen beim beruflichen Aufstieg. Erziehungs- und Bildungsprozesse sind (in den allermeisten Fällen) immer auch Bindungs- bzw. Beziehungssituationen. Solche Beziehungen werden aufgebaut, teilweise in jahrelanger Beziehungsarbeit. Aber, das erlebt man immer wieder, sie werden an deren Ende nicht, oder nur in sehr ungenügender Art und Weise, auch wieder abgebaut.

Gefühlsmäßige Bindungen bestehen im Lehr-/Lernprozeß an Personen (an Mitteilnehmer, an Leitungspersonen), an den Lebensraum (das schöne Bildungshaus), an die Lebensordnung (die ungewöhnlichen Arbeitszeiten z.B.) und nicht zuletzt an die Möglichkeiten der Selbstdarstellung (in besonderen Rollen, beispielsweise einflußreichen). Mit dem Ende von Bildungsprozessen (die ja manchmal sehr lange dauern) ist immer auch die Lösung dieser verschiedenen An-Bindungen verbunden. Das aber hat zur Folge, daß die durch Bindungen entwickelten Orientierungs- und Ordnungsmuster für die Individuen gefährdet sind. Individuell unterschiedlich und verschieden stark reagieren die Beteiligten auf diesen Milieuverlust; so z.B. mit Kummer, Angst, Protest. Generell: mit Abwehr.

Wir nennen diese Reaktion auf Verlust in Trennungssituationen üblicherweise Trauer. Die Trauer ist die unverzichtbare Bedingung fürs Loslassen-Können und sie ist auch die notwendige Bedingung für einen neuen Anfang. Sie ist das Medium, um die Realität der Trennung produktiv zu bewältigen. Wer nicht fertig macht, wird fertig gemacht. Valery sprach in diesem Zusammenhang von Leuten, die bei einem Unfall sterben, weil sie ihren Regenschirm nicht loslassen.

Sieht man sich in der Bildungsszene um, ist von solcher Trauerarbeit wenig zu sehen. Der Abbruch ist die weitaus häufigste Form, durch die pädagogische Beziehungen beendet werden. Für die Arbeit der Ablösung ist weder Platz noch Zeit. Sie wird zum Problem derer gemacht, die in ihrer Vereinzelung nach dem Schluß der jeweiligen Bildungsveranstaltung mit diesem Ende umzugehen haben. Das gemeinsam Gelebte, Erlebte und Erfahrene wird zum ernsten Trauerspiel des Individuums.[30]

Spekulativ – aber mit viel Plausibilität ausgestattet – mag die These sein, daß solche Praxis nicht ganz uneigennützig für die Verantwortlichen (Dozenten und Repräsentanten von Bildungsinstitutionen) ist. Der Abbruch, das Unerledigtbleiben der Lehr-/Lernsituation, fördert das Festhalten am Gewesenen, die Bindung ans Vergangene, den Aufenthalt beim Verlassenen. Die Nicht-Verarbeitung des Bezugsverlustes, das Nicht-Lassen-Können führt zu affektiver Abhängigkeit von Bildungsveranstaltungen, Bildungsinstitutionen, Bildungssituationen und Lehrenden. Nicht jedes als Erfolg gefeierte Anwachsen von Bildungsbeteiligung ist daher wirklich ein Erfolg zu nennen. Vielleicht ist es (teilweise) auch der zweifel-

---

30 Sichtbar wird hierdurch, daß Bildungsprozesse nicht als Realität von Situationen und Erfahrungen erlebt und gesehen werden und daß Lehren und Lernen als individueller Akt, der möglichst ohne Emotionen und ohne körperliche Resonanzen zu geschehen hat, verstanden wird. Gehen lassen muß man alle Beteiligten, muß man all die Situationen, die Hoffnungen, die Erwartungen, die Enttäuschungen – aber sich selbst darf man, so die zweifelhafte Moral, wenn überhaupt, erst dann gehen lassen, wenn man alleine ist.

Goethe, der ja schon aus professionellen Gründen sehr viel Sinn fürs Symbolische haben mußte, schildert in der italienischen Reise seinen Abschied von Neapel (am 2. Juni 1787) als ein Hin- und Hergerissensein zwischen Aufbruch und Verharren. Und was kann das Triebhafte daran besser ausdrücken, als der Blick auf den Vulkan: » *Die Dämmerung war schon eingebrochen, und man hatte noch keine Kerzen gebracht. Wir gingen im Zimmer auf und ab, und sie, einer durch Läden verschlossenen Fensterseite sich nähernd, stieß einen Laden auf, und ich erblickte, was man in seinem Leben nur einmal sieht. Tat sie es absichtlich, mich zu überraschen, so erreichte sie ihren Zweck vollkommen. Wir standen an einem Fenster des oberen Geschosses, der Vesuv gerade vor uns; die herabfließende Lava, deren Flamme bei längst niedergegangener Sonne schon deutlich glühte und ihren begleitenden Rauch schon zu vergolden anfing; der Berg gewaltsam tobend, über ihm eine ungeheure feststehende Dampfwolke, ihrer verschiedenen Massen bei jedem Auswurf blitzartig gesondert und körperhaft erleuchtet. Von da herab bis gegen das Meer ein Streif von Gluten und glühenden Dünsten; übrigens Meer und Erde, Fels und Wachstum deutlich in der Abenddämmerung, klar friedlich, in einer zauberhaften Ruhe. Dies alles mit einem Blick zu übersehen und den hinter dem Bergrücken hervortretenden Vollmond als die Erfüllung des wunderbarsten Bildes zu schauen, mußte wohl Erstaunen erregen.*
Dies alles konnte von diesem Standpunkt das Auge mit einmal fassen, und wenn es auch die einzelnen Gegenstände zu mustern nicht im Stande war, so verlor es doch niemals den Eindruck des großen Ganzen.«

haften Tradition geschuldet, angenehme Besucher nach offiziellem Schluß von Veranstaltungen noch festzuhalten (durch Gespräche z.B.) nicht zuletzt aus Angst, sonst alleine sein zu müssen.

Doch noch einmal zurück zur Verarbeitung von Verlusten, von Trennungen, von Schlußsituationen durch Trauer. Traurig macht das Ende von Beziehungen. Der Verlust von Personen und der Verlust von Situationen. Dies gilt jedoch nicht nur (hier, aber besonders) für geliebte Personen und für angenehme Situationen und schöne Milieus. Auch negative Gefühle, ärgerliche Beziehungen und unerledigte Situationen verursachen durch ihren Abbruch Trauer bei den Beteiligten. Auch dann, wenn einem das Seminar nicht gefällt, wenn einem der Dozent »auf den Wecker geht« oder wenn man das erhoffte Einbettzimmer nicht erhält und sich bei aller Belastung auch noch um einen störungsfreien Schlaf kümmern muß, auch dann macht das Ende (wie immer es aussehen mag) traurig. Schließlich basiert auch solcher Ärger auf einer Bindung (wenn einem jemand auf die Füße tritt, steht er einem sehr nahe!) und deren Verlust löst Trauer aus. Jede Trennung von einer, wie auch immer gearteten, wertvollen Beziehung ist ein Verlust, der jenes triebhaft affektive Geschehen in Gang setzt, das wir Trauer nennen.

Jede Beendigung einer Beziehung verursacht Störungen im Affekthaushalt der daran beteiligten Personen. Die Intensität solcher Störungen ist von der Tiefe der Beziehung abhängig. Pädagogische Verhältnisse, zumal in der Erwachsenenbildung, haben nur in Ausnahmefällen jene Beziehungsdichte wie sie z.B. zwischen Mitgliedern von Familien üblich ist. Daher ist die Trauer über die Trennung von wichtigen Personen und Situationen in Bildungsveranstaltungen nur in seltenen Fällen so groß wie beim Verlassen des familiären Beziehungszusammenhanges. Trotzdem: Auch Bildungsarbeit ist Beziehungsarbeit, und es wäre schlicht ein Verleugnen der Realität, nicht zu sehen oder nicht sehen zu wollen, daß auch bei deren Beendigung (in sehr unterschiedlicher Ausprägung) bei den Beteiligten ein psychischer Vorgang abläuft, den S. Freud als die Umorganisation und Umstrukturierung der Libidoorganisation bei Objektverlusten (z.B. Verlust an Personen, von Gruppen, von Tätigkeiten, von Idealen, von geliebten Räumen usw.) bezeichnet. In seinem grundlegenden Aufsatz: Trauer und Melancholie (1973, S. 430) beschreibt er die psychische Arbeit der Umorganisation: »Die Realitätsprüfung hat gezeigt, daß das geliebte Objekt nicht mehr besteht, und erläßt nun die Aufforderung, alle Libido aus ihren Verknüpfungen mit diesem Objekt abzuziehen. Dagegen erhebt sich ein begreifliches Sträuben – es ist allgemein zu beobachten, daß der Mensch eine Libido-Position nicht gern verläßt, selbst dann nicht, wenn ihm der Ersatz bereits winkt ...« Diese Formulierungen Freuds legen die Assoziation nahe, es handle sich bei der Umorganisation um eine gefühlsdistanzierte, kaufmännische Transaktion; in Wirklichkeit jedoch ist dieser Prozeß ein emotional stark belastender und manchmal dramatisch verlaufender Vorgang. Trauer ist das »Verschmerzen eines Verlustes«. Man muß – und dies ist der produktive Sinn von Trauer – mit dem, was verloren wird und verloren wurde, »fertig werden«. Als »*Trauerarbeit*« hat Freud diese häufig sehr anstrengende Leistung beschrieben. Deren Ziel ist es, daß die Trauernden »nach Vollendung der Trauerarbeit wieder frei und ungehemmt« (S. Freud) sind, daß sie die Realität, so wie sie sich darstellt, wahrnehmen und anerkennen, und daß sie wieder in der Lage sind, neue Beziehungen einzugehen (und nicht die alten in den neuen suchen und dort fortzusetzen wünschen).

126

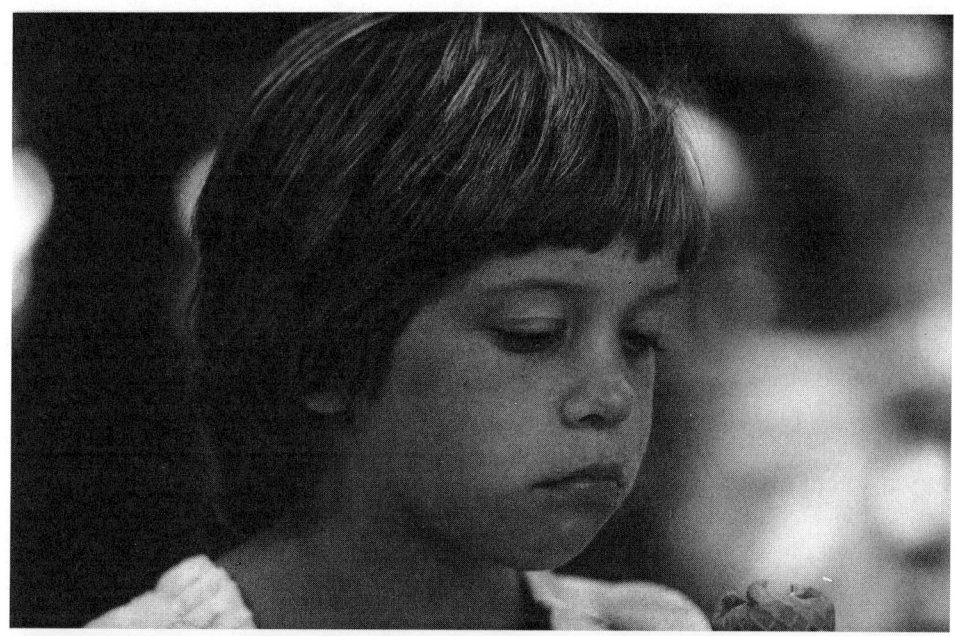

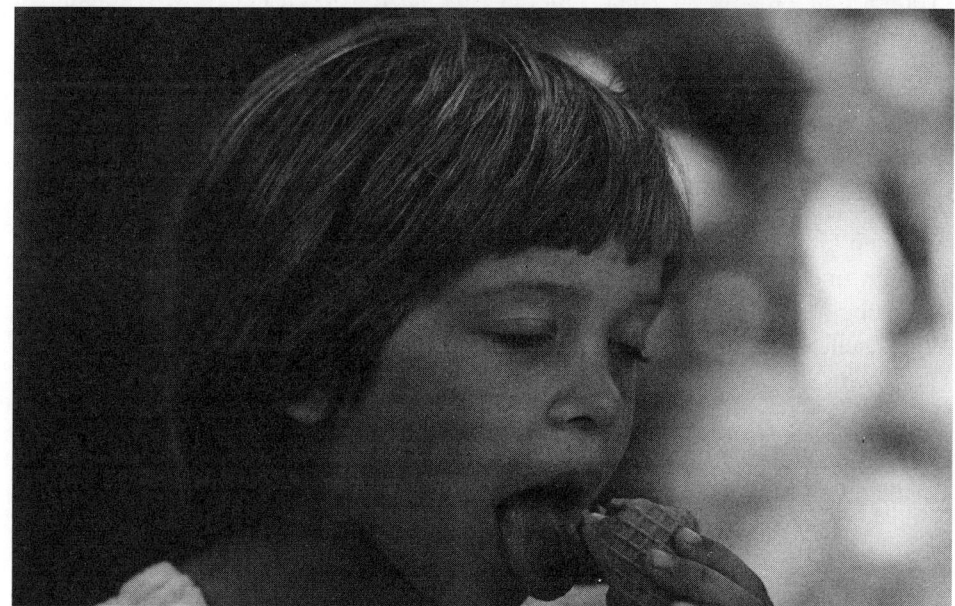

Das Eis ist weg! Auch ein Ende.

Abschied

Wie hab ich das gefühlt,
was Abschied heißt. /
Wie weiß ichs noch: ein
dunkles unverwundnes /
grausames Etwas, das
ein Schönverbundnes /
noch einmal zeigt und
hinhält und zerreißt.

Wie war ich ohne Wehr,
dem zuzuschaun, /
das, da es mich, mich
rufend, gehen ließ, /
zurückblieb, so als
wärens alle Fraun /
und dennoch klein und
weiß und nichts als dies:

Ein Winken, schon nicht
mehr auf mich bezogen,/
Ein leise
Weiterwinkendes –,
schon kaum /
erklärbar mehr: vielleicht
ein Pflaumenbaum, /
von dem ein Kuckuck
hastig abgeflogen.

*(Rainer Maria Rilke
1990, S. 463/464)*

Trauer ist auch Ausdruck jener wichtigen Anstrengung, mit der die Verarbeitung von Abschieden und die damit zusammenhängende Bedrohung individuellen Selbst- und Weltverständnisses gefördert wird und die notwendig ist, um zu einer neuen veränderten Selbst- und Weltsicht zu gelangen. In diesem Sinne ist Trauerarbeit immer auch Bildungsarbeit.

Alexander und Margarete Mitscherlich haben in ihrem wichtigen Buch: »Die Unfähigkeit zu trauern« (Neuausgabe 1977) auf die Folgen des Ausbleibens bzw. Scheiterns von Trauerarbeit aufmerksam gemacht. Behindert, so die beiden, werden hierdurch die weiteren seelischen Entwicklungen der betroffenen Individuen und die Möglichkeiten, offene und befriedigende zwischenmenschliche Beziehungen einzugehen. (Dem Ehepaar Mitscherlich ging es dabei um das Aufzeigen jener Konsequenzen, die es nicht nur für den einzelnen, sondern für ein ganzes Volk – unseres nämlich – bedeuten kann, wenn Trauer nicht zugelassen wird und in schnellem wirtschaftswunderhaften Aufbau beiseite gedrängt wird. – Ein Thema für uns Deutsche, das uns gerade auch nach den neuesten politischen Entwicklungen nicht losläßt.)

Werden die Abschiede, die Trennungen, die Verluste nicht »verschmerzt« (z.B. durch Tränen) bleibt der Schmerz eingedickt zurück und verstellt als seelischer Propfen den Zugang zu einer anderen Realität mit ihren neuen Möglichkeiten. Das Zulassen-Können von Trauer, das »Traurig-Sein-Dürfen« ist daher notwendige und sinnvolle Voraussetzung für eine produktive Verarbeitung von Schlußsituationen auch in der Bildungsarbeit. Untersuchungen übers Nicht-Traurig-Sein-Können und Nicht-Traurig-Sein-Dürfen (z.B. J. Bojanovsky 1977) zeigen, daß es häufig Depression und andere psychische Störungen sind, die als Folgen abgedrängter Trauer bei den betroffenen Individuen auftreten. So rächen sich schließlich jene Gefühle, die verboten wurden und die man sich selbst verbietet. Die Realität und deren Wahrnehmung ist nach »hinten« gerichtet, die notwendige Ablösung mißlingt, das Subjekt bleibt in sich selbst, in seiner Phantasie, in seinen Wünschen, verfangen und ist zu neuen Erfahrungen nurmehr sehr begrenzt fähig. Das Nicht-Sterben-Können blockiert mögliches neues Leben. Wer nicht traurig sein darf, kann nicht fröhlich sein. Auch Goethe hat sich über dieses, sich gegenseitig bedingende Verhältnis von Leben und Tod Gedanken gemacht. In seinen Studien über die Natur formuliert er: »Leben ist ihre schönste Erfindung und der Tod ist ihr Kunstgriff, viel Leben zu haben«. Und dies gilt nicht nur für die Natur, es gilt auch für jenen Teil des Lebens, der im Zentrum unserer Betrachtung steht, für den Bildungsprozeß. Das alles wird durch gesellschaftliche Bedingungen und Entwicklungen beeinflußt. Dazu ein kleiner Exkurs:

Partir c'est mourier un peu oder: »Werde ich sterben können – Manchmal fürchte ich, ich werde es nicht können.« (K. Tucholsky)

Daß Schlußsituationen mit ihren Trennungen, Abschieden, Ablösungen und Abbrüchen ein Problem darstellen, liegt nicht zuletzt an den gesellschaftlich heute nicht mehr bereitgestellten sozial abgesicherten Räumen, die für eine »Zeremonie des Abschiedes« (S. de Beauvoir) notwendig wären. Traurig ist's, zu sehen, wie wir trauern, oder deutlicher: wie wir's nicht mehr können, das Trauern. Eine ehemals in den Lebensrhythmus integrierte Trauerkultur, die gibt es nur noch rudimentär. Wir ergreifen die Flucht, wenn uns jemand auf die Kommunikationsfloskel: »Wie geht's Dir?« wahrheitsgemäß antwortet: »Nicht gut, ich bin traurig«. Die Mittel der Tröstung sind uns mit der zunehmenden Unfähigkeit, traurig sein zu können und traurig sein zu dürfen, abhanden gekommen. Wir erschrecken über weinende Menschen. Sehen wir sie in der Öffentlichkeit, gehen wir ihnen aus dem Wege. Der große Bogen um die Trauer ist uns zur Routine geworden. Selbst hilflos, sind wir zur Hilfe kaum mehr fähig. Profitorientierte Unternehmen müssen notwendige Ersatzleistungen übernehmen, was ehemals Individuen und intakte soziale Gemeinschaften leisten konnten: Trauerhilfe nämlich. Unser Ende – und das der anderen – verdrängen wir aus dem Leben, wir begreifen das Ende nicht als Teil des Lebens. (Seltsam, obgleich doch jeder weiß, daß die Todesrate der menschlichen Gesamtbevölkerung sich nicht geändert hat: Sie macht heute, wie auch früher, 100% aus, und die, die daran zweifelten, sind letztendlich über ihren Zweifeln gestorben.) Trauer war früher ein Alltagsphänomen (vgl. Ph. Ariès 1976). Dies ist es nicht mehr.[31] Trauerverhalten ist heute beschränkt auf das Individuum und dessen »Probleme« mit der Traurigkeit. Wir sind unsicher geworden, wie und ob überhaupt noch getrauert werden soll. Gespielte Sicherheit und deren demonstrative Darstellung aber ist gefragt. Da hat Trauer keinen Platz mehr, nur noch in der Zurückgezogenheit und Heimlichkeit. Unsere Kinder bekommen es bereits anerzogen.

31 Trauer in der Öffentlichkeit zur Schau zu stellen, leisten sich nur jene Personen, die sich sicher sind, daß ihnen »Schwarz« gut steht. Urs Widmer (1985, S. 19) hat dazu das Nötige geschrieben:
   »Natürlich ist das der alte Hut mit der Trauer. Wo nicht getrauert wird, wir wissen es alle, lebt die Vergangenheit nicht. Offenbar sind noch immer, und vielleicht mehr denn je, viele bereit, jeden Preis dafür zu zahlen, daß diese nicht aushaltbare Trauer des eigenen Lebens ungefühlt bleibt. – Ich verstehe es ja auch. Lieber Mercedes fahren und wie ein aufgeblasener Frosch aussehen, als all das Elend noch einmal spüren. Sieger werden, gleich um welchen Preis. Ist ja auch egal, Sieger diktieren die Bedingungen.«

»Sie fühlte sich in dem Gedanken, daß kein Mensch sie leiden mochte, selbst der Papa nicht, so unglücklich, daß sie auf offener Straße zu weinen begann. Der Oberamtmann nahm ihren Arm und legte ihn in den seinen. Die Tränen seines Töchterchens machten ihn immer weich. ›Aber Kleines‹, sagte er zärtlich und versuchte zu scherzen, ›was machst du denn! Sollen dich die Leute auslachen, wenn sie sehen, daß das große Mädchen weint?‹« (E. v. Rhoden 1885, S. 32)

Und als Erwachsene machen wir konsequent weiter. »Von Beileidsbesuchen bitten wir Abstand zu nehmen.« Diese die Trauernden ausschließende Anmerkung macht es in jeder zweiten Todesanzeige deutlich: Jeder soll mit seiner Traurigkeit alleine bleiben oder soll sie sich erst gar nicht leisten dürfen.

Wo aber Beileidsbesuche nicht erwünscht sind, Trauerzüge zum Verkehrshindernis werden und traurig aussehende Menschen gemieden werden, da können auch Abschiede in sozialen Gemeinschaften, die Bildungsprozesse zum Ziel haben, nurmehr *gegen* den gesellschaftlichen Trend wirklich erlebt und erfahren werden.[32]

Trauer-Preise

»Was allen Gefühlen widerfährt, die Ächtung dessen, was keinen Marktwert hat, widerfährt am schroffsten dem, woraus nicht einmal die psychologische Wiederherstellung der Arbeitskraft zu ziehen ist, der Trauer. Sie wird zum Wundmal der Zivilisation.« (M. Horkheimer/T.W. Adorno 1969, S. 226)

Bildungssituationen sind soziale Existenzen auf Zeit, und um sie *nicht* zu lebenslangen zu machen, bedarf es des Abschiedes. Überall, wo Verlusterfahrungen anfallen, ist Trauer wahrscheinlich. Die häufig sehr seltsamen und teilweise komischen atmosphärischen Stimmungen bei sogenannten »Klassentreffen« machen das Mißlingen von Abschieden und Trennungen nur allzu deutlich. Nur selten gelingt es, bei solchen Veranstaltungen die Gegenwart und die Vergangenheit zu versöhnen. Die Vergangenheit ist dabei nicht ein Teil der Gegenwart, sie ist nicht in ihr aufgehoben. Vielfach ist sie nur eine Fluchtmöglichkeit, um sich von der Gegenwart zu lösen und um gefühlstrunken die notwendige Trauerarbeit zu

32 Das schlägt sogar auf die Musik durch, die ebenso Schwierigkeiten mit dem richtigen »Aufhören« hat. T.W. Adorno (1977, S. 134) hat sich dazu geäußert:
»Seit dem Ende der Tonalität und der mit ihr verwachsenen Formtypen wird es, ähnlich wie im Drama, zur schwierigsten Frage, wie zu schließen sei. Das Schema garantiert kein verbindliches Ende mehr, und über dem rein aus der kompositorischen Einzelsituation gefolgerten Aufhören liegt fast stets der Schatten des Zufalls, so als ob es abbräche und ebensogut weitergehen könnte.«

umgehen und zu vermeiden. Wirklich vollzogene Abschiede erst machen individuelle (und gesellschaftliche Geschichte möglich).

Dem einen oder der anderen mögen solche Analogien zwischen dem Schluß von Bildungsprozessen und den großen Endsituationen überzogen klingen. Manche werden auch nicht nur Trauer am Schluß von Bildungsveranstaltungen erfahren. Viele sind froh, wenn sie das Ganze »hinter sich haben«. Dem sei nicht widersprochen.

Gerade auch dann, wenn man sehr produktive, schöpferische Erfahrungen gemacht hat und sich alles, was man erwartet hat, erfüllte, spürt man nach der ersten Erleichterung häufig eine unangenehme Leere, ein undefinierbares Verlassensein. Auch das sind Symptome des Verlustes, auch das fällt unter Traurigkeit.

»Ach Gott, wie weh tuth scheiden«, »Hat mir mein Herz verwundt...«, das liest man in des »Knaben Wunderhorn«.

Abschiede

Sentimentalität im menschlichen Umgang ist in unserer Gesellschaft verpönt; es gilt als Zeichen der Souveränität, auch dann »cool« zu bleiben, wenn man eigentlich doch lieber ein paar Tränen vergießen würde. Simone de Beauvoir berichtet in ihren Memoiren von einem Kinobesuch mit Jean-Paul Sartre. Der Film war besonders rührend, die Beauvoir konnte nur mit Mühe die Tränen zurückhalten. Sie bewahrte aber Haltung und war darauf besonders stolz. Als beide das Kino verließen, sah sie, daß Jean-Paul Sartre ein tränenfeuchtes Gesicht hatte. Diese Anekdote wirft nicht nur Licht auf den unterschiedlichen Charakter der beiden Kinogänger. Sie belegt auch, wie hoch in unserer Zivilisation die Schamschwelle für spontane Gefühlsäußerungen ist. Doch gibt es Reservate, wo Sentimentalität noch gestattet ist, bei Abschieden und Trennungen, nicht nur auf dem Friedhof, sondern auch auf Bahnhöfen und Flughäfen. Da gibt es die bewährten Rituale, die das Abschiednehmen erleichtern: die gemeinsame Fahrt zum Bahnhof oder Flughafen, noch ein paar Worte im Café, Umarmungen und schließlich das Winken, bis der Verreisende verschwunden ist, sein Zug oder Auto aus dem Blick gerät. Die Modernisierung der Verkehrsmittel allerdings unterbindet diese Regungen zunehmend. Auf dem Flughafen wird der Zurückbleibende abrupt vom Wegreisenden getrennt: dieser ist zwar noch »am Ort«, aber schon nicht mehr sichtbar. Selbst die Maschine, mit der er in den Himmel steigt, läßt sich selten identifizieren. Ans Winken, diese uralte Abschiedsgeste, ist kaum zu denken. Aber das gehörte zum Fliegen von Anfang an dazu. Härter ist die von der Bahn neuerdings angebotene Übung im Sentimentalitätsverzicht. Bisher gehörten zum klassischen Abschiedsritual die letzten Reisewünsche am geöffneten Abteilfenster, durch die man auch das Gepäck reichen konnte, ein paar Schritte mit dem allmählich aus dem Bahnhof gleitenden Zug, manchmal das bis zum Verschwinden des Zuges geschwenkte Taschentuch. Seitdem die Bundesbahn immer mehr klimatisierte Waggons mit einer vor übermäßiger Sonneneinstrahlung schützenden Spezialverglasung einsetzt, ist nicht nur das Öffnen der Fenster unmöglich; es läßt sich von außen nicht einmal sehen, an welchem Platz, in welchem Abteil der Reisende sitzt. Wie in einer Black Box verschwindet er im Zuginneren und sieht wohl, als letzten Eindruck, den Blick der Person, die er besucht hatte ziellos hin- und herirren. Wer selber zurückbleibt, dessen Auge trifft, statt auf den Abreisenden, auf eine spiegelnde Fensterreihe und auf das eigene ratlose Gesicht. Wer wollte hier sentimental werden? Wider Willen zum Narziß gemacht, wendet man sich ab und verläßt, nun vollends traurig, den unfreundlichen Ort.

(B. Basting, FAZ, 26. Mai 1989, Nr. 119/Seite 31)

Morgen muß ich fort von hier ...

Morgen muß ich fort von hier

1. Mor - gen muß ich fort von hier und muß Ab - schied neh - men.

O du al - ler - höch - ste Zier, Schei - den, das bringt Grä - men.

»Eigentlich ist es schade, daß der Kurs zu Ende geht«,
»Jetzt könnte es erst richtig los gehen«,
»Könnten wir nicht in einer anderen Form weitermachen?«,
»Machen Sie eine Fortsetzung vielleicht im nächsten Semester?«

So lauten vielfach die Aussagen und Fragen am Schluß von Erwachsenenbil-
dungsveranstaltungen. Dies sind Zeichen für den Sachverhalt, daß es um Abschied, um Trauer, ums Verlassen-Werden und Verlassen-Sein geht. Handlungs-
linien, die befriedigen, aufregend interessant, wichtig und lehrreich waren,
müssen abgebrochen werden. Je nachdem, wie tief und wie affektiv bindend die
Interaktion im Bildungsprozeß war (d.h. wie weit man sich als Person dort invol-
viert erlebte) ist die Intensität des Abschiedsgefühls. *»Nur Heilige und Tugend-
bolde verabschieden sich ohne Schmerz, die ersten, weil sie ihn (vielleicht) nicht
empfinden, die zweiten, weil sie ihn sich verbieten.« (Zundel 1989, S. 45)*

Die jeweilige Bedeutung, d.h. die Tiefe und die Breite der sich im Lehr-/Lernprozeß entwickelnden Beziehungen, ist individuell sehr unterschiedlich. Und ebenso verschieden ist es, wie die Beteiligten am Ende von Bildungsveranstaltungen mit dem Verlust von Bindungen umgehen. Dies ist von den Möglichkeiten abhängig, die in der Abschiedssituation zur Verfügung stehen, (z.B. der zur Verfügung stehenden Zeit) aber auch vom unterschiedlichen Vermögen, Abschied nehmen zu können. Dieses wiederum speist sich aus der je subjektiven Bewältigungsgeschichte im Hinblick auf erlebte, erfahrene und verarbeitete (gelungene und nicht gelungene) Trennungen. Wir leben ja mit unseren biographisch verhärteten Schlüssen. Die lebensgeschichtlich fundierten Bindungs- und Trennungsverhaltensmuster werden via Übertragung (und Gegenübertragung) in Schlußsituationen von Bildungsveranstaltungen reaktiviert. Die Krisenbewältigungsmuster der einzelnen sind auch Abbilder von bereits erlebten Schlüssen, und diese erinnern immer auch an die Endlichkeit des Lebens und an vorhergehende Stationen und Situationen im Leben.[33] So stellen sich die Themen Abschied, Trennung, Verlust am Ende von Trainings, Kursen, Seminaren zwar als solche, die alle Beteiligten betreffen, dar, aber die affektiven Besetzungen und die subjektiven Reaktionen hierauf sind individuell unterschiedlich. Jeder, nicht nur Frank Sinatra, kann von sich behaupten: »I did it my way«, wenn es um die biographisch eingefärbte Form des Umgangs mit Schlußsituationen geht. So zeigt sich auch am Schluß noch der Eigen-Sinn jener, die sich für Bildungsprozesse entschieden haben.

Dieser Eigen-Sinn drückt sich nicht zuletzt in der Form der Abwehr aus, durch die der in Schlußsituationen drohende Verlust von gewohnter (teilweise geschätzter) Orientierung abgewehrt und ausgedrückt wird.[34]

---

33 Eine psychoanalytische Erklärung dieser »Suche nach der verlorenen Zeit« liefern H. Csef und D. Wyss (1985, S. 247).

»Keinem Menschen bleiben frühkindliche Trennungserlebnisse erspart. Besonders in der präreflexiven Entwicklungsphase, in der dem Kleinkind die Möglichkeiten von Sprache, Denken und Reflexion noch nicht verfügbar sind, erlebt es Verlust von Nähe zur Mutter und Alleine-Gelassen-Werden jeweils als radikale Erschütterung und Vernichtung. Das Gefühl von Einheit, Vertrauen und Identität geht vorläufig verloren. Damit ist ein nie zu stillendes Mangelerleiden verbunden, das immer wieder erlebt wird, wenn sich der Mensch alleine, verlassen, getrennt, vereinzelt, isoliert oder einsam erlebt. In liebevoller Zuwendung, Nähe und Geborgenheit wird dieser Mangel vorläufig aufgehoben. Jedes Erleben von Getrennt-Sein jedoch berührt wieder leidvoll diese ›Wunde, die nie ganz heilt‹. Die mit frühkindlichen Trennungserlebnissen verbundenen Kränkungen und Schmerzen – man könnte geradezu von einer ›Ur-Krankheit‹ sprechen – können im weiteren Verlauf der Lebensgeschichte bei Trennungen wieder erlebt werden.«

34 Die Abwehr dient der Angstreduktion und damit einer Stabilisierung. Sie ist nicht nur als

Da gibt es Beteiligte, die am Ende von (eher längerfristigen) Bildungsveranstaltungen sehr still werden, die sich aus der Gruppe zurückziehen, die sich nicht mehr beteiligen. Man hat den Eindruck, sie wollen in Ruhe gelassen werden.

So, wie dies auch von Machiavelli berichtet wird; der, einer gut erfundenen Episode nach, am Sterbebett von einem nahen Verwandten gefragt wird, ob er nicht doch in dieser Situation geistlichen Beistand bräuchte. »Es ist jetzt nicht die Zeit«, so dessen Antwort, »sich neue Feinde zu machen«. Der Rest, so das Signal, ist Schweigen.

Es gibt andere, die ihre affektive Betroffenheit in Überaktivität ausleben, die unendlich betriebsam erscheinen (häufig ist dies bei Dozentinnen und Dozenten anzutreffen). Diese Geschäftigkeit ist der Ausdruck einer Realitätsverleugnung im doppelten Sinne, sie beachtet weder die Situation (das Ende) noch die der eigenen psychischen Betroffenheit. Die hektische Beschäftigung ist eine Flucht in die Illusion des ewigen Fortschritts. Diese Teilnehmerinnen/ Teilnehmer sind es auch, die durch Abschiedsphotos, organisierten Adressentausch, usw. etwas festhalten wollen, was sich bereits verflüchtigt.

Der Abwehr des Bindungsverlustes und des Gefühls, im Stich gelassen zu werden, begegnen Teilnehmer von Bildungsprozessen (u.a. Dozentinnen und Dozenten) auch dadurch, daß sie erst gar nicht in Beziehungen einsteigen. Man lebt weniger, um weniger sterben zu müssen. Sie beschränken und begrenzen sich und ihre Aktivitäten, um es in Konfliktfall »Trennung« möglichst einfach zu haben. Eine pädagogische Variante des Zusammenlebens ohne Trauschein. Ihr stilles Motto ist: »Wer nicht anfängt, muß auch nichts beenden.« Sie sind bereits zu Anfang am Ende.

Ab und zu sind es auch die Teilnehmerinnen/Teilnehmer, die souverän ihren Abschied begehen, die offen ihre Gefühle zeigen und auch deutlich darüber sprechen, daß ihnen der Abschied etwas ausmacht und viel bedeutet. In diesen Situationen reagieren die anderen (einschließlich Trainerinnen/Trainer) häufig peinlich berührt, schauen weg, nicken stumm und gehen schnell zur gewohnten Geschäftigkeit über. Schade.

Sehr viel stärker mit dem Gruppengeschehen identifiziert sind solche Teilnehmer, die offen aggressiv mit ihrer affektiven Betroffenheit, (ihrer Trauer) umgehen. Sie

Das eigensinnige Kind

»Es war einmal ein Kind eigensinnig und tat nicht, was seine Mutter haben wollte. Darum hatte der liebe Gott kein Wohlgefallen an ihm und ließ es krank werden, und kein Arzt konnte ihm helfen; und in kurzem lag es auf dem Totenbettchen. Als es nun ins Grab versenkt und die Erde über es hingedeckt war, so kam auf einmal sein Armchen wieder hervor und reichte in die Höhe, und wenn sie es hineinlegten und frische Erde darüber taten, so half das nicht, und das Ärmchen kam immer wieder heraus. Da mußte die Mutter selbst zum Grabe gehen und mit der Rute aufs Ärmchen schlagen, und wie sie das getan hatte, zog es sich hinein und das Kind hatte nun erst Ruhe unter Erde.«

(Kinder- und Hausmärchen, Jacob und Wilhelm Grimm, München 1949, S. 564)

Fehlhaltung zu verstehen, sondern auch als Merkmal des normalen, gesunden Individuums. Es kann in der Bildungsarbeit nicht darum gehen, an der Abwehr zu arbeiten, sondern mit ihr. Sie ist ein Teil jener Subjektivität (Eigen-Sinns), die die Verantwortlichen zur Kenntnis nehmen müssen, um damit umzugehen (genau dies macht ihre Professionalität aus).

»Ich habe keine Angst vor dem Sterben, möchte aber nicht dabei sein, wenn es passiert.«
(Woody Allen)

Eine Trennungstypologie

Keto von Waberer entwickelt in einem sehr lesenswerten Aufsatz (»Schnittmuster«: in Kursbuch Nr. 87, März 1987) eine Typologie der Trenner:

Drohtrenner

Ruckzucktrenner

Scheintrenner

Spektakulärtrenner

Heimlichtrenner

Trennungszerfleischer

Trennungsverwerter

Trennungshyänen

inszenieren beispielsweise Konflikte mit der Leitung (manchmal auch die Leitung mit den Teilnehmern) oder auch mit anderen Teilnehmern, um sich (und anderen) den Abschied leichter zu machen (beliebt sind dafür Auswertungs- bzw. Seminarkritikbögen, die in Schlußsituationen verteilt und ausgefüllt werden). Ein Abschlußstreit hat häufig die Funktion des Kränkungsschutzes – Scheidungsanwälte leben davon (und wie man hört, sehr gut).

Und dann gibt es auch noch jene Teilnehmer, die Linus seiner Freundin Sally beschreibt: »Für manche Leute ist das grüne Gras immer auf der anderen Seite des Zaunes.« Oder deren Antitypus. Für sie ist das Leben eine Operette, und konsequenterweise verfahren diese nach der Maxime: »Glücklich ist, wer vergißt, was doch nicht zu ändern ist« – die bevorzugt zum Jahresabschluß auf deutschen Provinzbühnen verkündet wird.

Alles das, und viele andere Formen mehr, sind der Ausdruck, um die mit Schlußsituationen verbundenen Gefahren und Ängste durch Einsatz eines hohen psychischen Energieaufwandes zu vermeiden. Geltung hat dies gleichermaßen für die Teilnehmer wie auch für die Leitung. Auch Dozenten, Trainerinnen und Kursleiter gehen gegenüber den anderen Beteiligten Bindungen ein, und auch sie haben ihre individuelle Abschiedsgeschichte. Auch sie müssen mit den Gefühlen des Beendens, des Abgebens, des Verlassens am Schluß der von ihnen geleiteten Gruppenprozesse umgehen. Auch sie reagieren darauf mit Abwehr (das »Vergessen« des Schlusses ist dabei eine der verbreitetsten Formen, Unlust zu vermeiden). Aber, und dies sei nochmals betont, in Schlußsituationen werden (auch) vorgängige Lebenserfahrungen mit Trennungen wiederholt. Dies macht es für Dozenten und Dozentinnen auch nicht leicht, sich in der Situation des Schlusses auf die individuellen Formen des Abschiedes, einzulassen. Eine Vorabplanung des Lehr-/Lernprozesses, speziell der Schlußsituation, die ja auf einer Vorhersehbarkeit beruht, hat dadurch deutliche Grenzen. Etwas Planung ist jedoch möglich und sinnvoll. Etwa so viel wie bei jener bayrischen Bauersfrau, die zu einer Beerdigung in einen Nachbarsort kommt und sich erkundigt: »Frau Huber, wie is denn dös hier Brauch, woant ma bei Euch scho im Haus oder erst am Friedhof?«

Danach

Es wird nach einem happy end
im Film jewöhnlich abjeblendt.
  Man sieht bloß noch in ihre Lippen
  den Helden seinen Schnurbart stippen –
  da hat sie nu den Schentelmen.
    Na, un denn –?

Denn jehn die beeden brav ins Bett.
Na ja ... diß is ja auch ganz nett.
  A manchmal möcht man doch jern wissn:
  Wat tun se, wenn se sich nich kissn?
  Die könn ja doch nicht imma penn...!
    Na, un denn –?

Denn säuselt im Kamin der Wind.
Denn kricht det junge Paar 'n Kind.
  Denn kocht sie Milch. Die Milch looft üba.
  Denn macht er Krach. Denn weent sie drüba.
  Denn macht wolln sich beede jänzlich trenn ...
    Na, un denn –?

Denn ist det Kind nich uffn Damm.
Denn bleihm die beeden doch zesamm.
  Denn quäln se sich noch manche Jahre.
  Er will noch wat mit blonde Haare:
  vorn doof und hinten minorenn ...
    Na, und denn –?

Denn sind se alt.
                Der Sohn haut ab.
Der Olle macht nu ooch bald schlapp.
  Vajessen Kuß- und Schnurrbartzeit –
  Ach, Menschenskind, wie liecht det weit!
  Wie der noch scharf uff Muttern war,
  det ist schon beinah nich mehr wahr!
  Der olle Mann denkt so zurück:
  wat hat er nu von seinem Jlück?
  Die Ehe war zum jrößten Teile
  vabrühte Milch un Langeweile.
Und darum wird beim happy end
im Film jewöhnlich abjeblendt.

Kurt Tucholsky

Ablösungsarbeit:
»Gehabt Euch wohl«

Bildungsveranstaltungen sind nicht plötzlich zu Ende. Man kann sich darauf vorbereiten. Dies hat eine entscheidende Voraussetzung: Die Einsicht in die Realität des Schlusses und die Einsicht in die Notwendigkeit von Trennung. Jenen, die Primär-Verantwortung für den Lehr-/Lernprozeß übernehmen (und die dafür meist – manchmal sogar gut – bezahlt werden) muß zugemutet werden, solche Einsicht produktiv umzusetzen, indem sie die notwendige Trauerarbeit ermöglichen und unterstützen. Trauerarbeit, das ist die Anstrengung, mit der Ablösung sinnvoll umzugehen, d.h. die Schlußphase des Bildungsprozesses als Fortsetzung der Bildungsanstrengung zu begreifen und zu gestalten.

Trauer braucht Zeit

Je plötzlicher, je überraschender das Ende kommt, umso schmerzlicher sind die Gefühle. Ablösung ist Arbeit an und mit Emotionen. Diese ist nicht beliebig beschleunigbar (vgl. dazu Kh.A. Geißler 1989, bes. S. 113–123).
So wie sich substantielle Beziehungen nicht berechnend herstellen lassen, so auch nicht deren Lösung bzw. deren Reduktion. Verstand und Gefühl, Reguliertes und Unreguliertes, Ordentliches und Unordentliches gehen in die Beziehungsrealität – gleichermaßen im Auf- oder im Abbau – ein. Konkret heißt dies, daß sich das Maß für die Zeit, die am Ende für die Arbeit an der Ablösung von Bindungen benötigt wird, an der Intensität von deren Entwicklung zu orientieren hat. Längere Veranstaltungen benötigen längere Schlußphasen. Für emotional und affektiv »dichte« Seminare gilt dies ebenso.

Ablösungsarbeit benötigt eine gefühlsstabilisierende soziale Architektur

Entlastung könnten die Beteiligten dadurch erfahren, daß sie in ihrer Krisenbewältigungsanstrengung nicht ausschließlich auf sich selbst verwiesen sind. Ein strukturelles (didaktisches) Angebot an begrenzter Unbestimmtheit ist dafür sinnvoll. So z.B., indem der Dozent, die Dozentin den Rahmen für einen individuell gehandelten Abschied anbietet. Beispielsweise könnte man die letzte Stunde (unterschiedlich je nach Veranstaltungslänge) dafür zur Verfügung stellen, sich jeweils von den beteiligten Gruppenmitgliedern (einschließlich Leitung) verabschieden zu können. Die Offenheit der Situation, im Rahmen der strukturellen Vorgaben, gibt jedem Beteiligten die Möglichkeit, sich entsprechend der aufgebauten Beziehungsvielfalt zu verhalten. Eine große Anzahl von Formen des Abschiednehmens kann sich so entfalten.

Bei langfristigen Bildungsprozessen empfiehlt sich eine detaillierte Zeit-Inhaltsplanung der Schlußsituation (die Zeit und Raum für die individuelle Krisenbewältigung absichert). Diese richtet sich sinnvollerweise an den Aufgaben aus, die bei der Verarbeitung der Ablösung zu leisten sind.

Akzeptanz für die Realität des Endes schaffen

Viele am Bildungsprozeß Beteiligte vergessen, besser: verleugnen, daß der gemeinsame Lehr-/Lernprozeß zu Ende geht. Speziell in sehr dichten und in langfristigen Veranstaltungen kann man dieses beobachten. Da werden z.B. am vorletzten Tag noch Pläne entwickelt, noch Erwartungen geäußert, noch Versprechungen gemacht, deren Erfüllung völlig unrealistisch ist. Pointiert könnte man dies Abwehr durch »Überbeschäftigung« nennen, eine Form, Trauer abzuwehren, wie sie in unserer Gesellschaft sozial anerkannt ist.

In anderen Veranstaltungen merkt man nichts vom nahen Ende des Lehr-/Lernprozesses, es wird (manchmal auch von Dozentenseite) so getan, als wenn alles immer so weiterginge wie bisher, als wenn dieser mikrosoziale Lebensraum keine Welt auf Zeit wäre. Symptome dafür zeigen sich in vielfältiger Art und Weise. Versucht z.B. ein Teilnehmer (eine Teilnehmerin), ein Dozent (eine Dozentin) auf das nahe Ende der Bildungsveranstaltung hinzuweisen, so wird dies »überhört«. Eine Reaktion bleibt aus (bzw. die Nichtreaktion ist die Reaktion). Zeichen für dieses Nicht-Wahrhaben-Wollen von Abschied und Verlust ist z.B. auch die häufig vorkommende Ignoranz der Lehr-/Lerngruppe gegenüber verfrüht aussteigenden (abreisenden) Teilnehmern.

Affektive Betroffenheit spüren lassen

Versucht man das soziale Ereignis des Abschiedes, der Trennung, des Verlustes zu verleugnen, so wird dieses Abdrängen der Realität doch immer brüchiger. Die Trauer des Abschiedes wird erfahren, der Verlust erlebt. Zulassen dieser affektiven Betroffenheit ist die notwendige Leistung von Verantwortlichen für den Lehr-/Lernprozeß. Das heißt vor allem, wahrnehmen der je individuellen Krisenbewältigungsmuster und Verständnis dafür entwickeln – auch dann, wenn diese im Einzelfall wegen starker biographischer Färbung – nicht im Detail erklärbar sind. Stützende und wenig konfrontierende Interventionen sind zur Bewältigung dieser Aufgabe notwendig. Darüber hinaus auch »Raum« (Offenheit), um Betroffenheit zeigen zu können und zu dürfen.

Bewältigungsfähigkeiten entwickeln

In Schlußphasen von Bildungsprozessen fragen die Teilnehmer z.B. nach ihren Lernerfahrungen, nach den Möglichkeiten des Transfers, und sie sehen deutlicher, welche Beziehungen für sie wichtig waren, worin deren Wichtigkeit bestand und wie diese Erfahrungen in ihr eigenes Lebenskonzept integrierbar sind. Hier beginnt die produktive Erfahrungsverarbeitung, die Bewertung des Verlustes und die Suche nach neuen Orientierungen. Dies sollte durchaus noch innerhalb der Bildungsveranstaltungen und dort über die Auseinandersetzungen mit den Beteiligten geschehen. Waren z.B. Einstellungs- und Verhaltensänderungen Ziel des Lehr-/Lernprozesses, so geht es um das Finden anderer Werte, anderer Handlungsmöglichkeiten. Deutlich wird dabei, daß Trauerarbeit auch immer der Abschied von Teilen dessen ist, was zur eigenen Person gehörte, die Trennung von (ehemaligen) Selbstverständlichkeiten. Zur Bearbeitung dieser Aufgabe eignen sich soziale Stützungssysteme wie sie in dem Abschnitt über Transfer und in den Hinweisen zum Beenden von Gruppenprozessen vorgestellt werden. Damit läßt sich der Trauerrand erreichen. Der Übergang steht an.

Den Übergang gestalten

Im Übergang wird das Neue sichtbar. Die Erfahrung der Risiken von Trennung werden abgelöst durch die Antizipation der Chancen im Hinblick auf einen neuen Anfang. Dies muß nicht laut geschehen und muß auch nicht unbedingt verbal geschehen. Kleine Zeremonien erleichtern den Anfang von etwas Neuem durch das Beenden von (noch) Bestehendem. So, wie dies Signor Bonifacio bereits im Titel seines 1616 in Vicenza publizierten Buches vorschlägt:

»Die Kunst der Gebärden, mit welcher man eine sichtbare Sprache hervorbringt, maßen es sich um stumme Beredsamkeit handelt, als welche nichts anderes ist denn ein beredtes Schweigen.«

Gelingt ein solcher Übergang, und das muß ja nicht unbedingt ein Happy-End sein, ist dies ein Zeichen für einen gelungenen Abschluß der Trauerarbeit. Deutlich wird dabei, daß die Ablösung auch ein Bildungsprozeß ist, durch den und in dem sich die Beteiligten produktiv zu entwickeln vermögen. Es ist ein Loslassen-Können, ohne aufzugeben.

In seiner Arbeit über »Trauer und Melancholie« resümiert S. Freud: *»Tatsächlich wird aber das Ich nach der Vollendung der Trauerarbeit wieder frei und ungehemmt.«* Erst dann hat der Bildungsprozeß zu einem »guten Ende« gefunden. Voll-Endung.

»Ha, ha« (W. Shakespeare: Hamlet, 3. Akt)

Schlußmann

»Enden tat das Spiel mit dem Sieg der einen Partei – die andere Partei hatte den Sieg verloren. Es war vorauszusehen, daß es so kam.« (Karl Valentin)

»Mit Begeisterung war ich Torwart. In Rußland und den romanischen Ländern ist jene edle Kunst immer von der Aura eines beispiellosen Glanzes umgeben gewesen. Erhaben, einsam, unbeteiligt, so schreitet der Held des Fußballtors durch die Straßen, verfolgt von hingerissenen kleinen Jungen. Er wetteifert mit dem Matador und Flieger-As als ein Gegenstand verzückter Verehrung. Sein Pullover, seine Schirmmütze, seine Knieschoner, die Handschuhe, die aus der Gesäßtasche seiner kurzen Hose ragen, heben ihn von der übrigen Mannschaft ab. Er ist der einsame Adler, der Geheimnisvolle, der letzte Verteidiger. Photographen, ein Knie ehrwürdig gebeugt, knipsen ihn, wenn er sich mit einem spektakulären Kopfsprung quer über die Öffnung des Tores wirft, um mit den Fingerspitzen einen niedrigen, blitzartigen Schuß abzuwehren, und beifällig brüllt das ganze Stadion, während er in dem unversehrten Tor noch einen Augenblick der Länge lang liegenbleibt, wie er fiel.« (V. Nabokov 1984, S. 270/271)

Das Ende der Leitung

Ein viel zu kurzes Kapitel über Dozenten in Abschiedssituationen

Die Kunst, mit dem Lehren aufzuhören

»Me-ti sagte: Jeder Lehrer muß lernen, mit dem Lehren aufzuhören, wenn es Zeit ist. Das ist eine schwere Kunst. Die Wenigsten sind imstande, sich zu gegebener Zeit von der Wirklichkeit vertreten zu lassen. Die Wenigsten wissen, wann sie mit dem Lehren fertig sind. Es ist freilich schwer, zuzusehen, wie der Schüler, nachdem man versucht hat, ihm die Fehler zu ersparen, die man selber begangen hat, nunmehr solche Fehler macht. So schlimm es ist, keinen Rat zu bekommen, so schlimm kann es sein, keinen geben zu dürfen.« (B. Brecht 1973, S. 475)

»Es ist unmöglich, unvoreingenommen seinen eigenen Tod zu erleben und ruhig weiterzusingen« (Woody Allen).

Ohne Trennungen wird man nicht erwachsen. Niemand kommt um diese Erfahrung herum. Vielleicht sogar basiert das, was wir unsere Individualität nennen, auf nicht viel mehr, als der unterschiedlichen Art und Weise, wie wir Trennungen begangen, erlebt, erfahren und verarbeitet haben. Solche familiendynamischen Vorgeschichten (die manchmal auch familiendynamische Gegenwart sein können) beeinflussen die individuelle Bereitschaft und die subjektive Fähigkeit, wenn's um das Beenden von Gruppen geht.

> »Maria. Man hat von meinen treuen Kammerfrauen, von meinen Dienern mich getrennt – wo sind sie?«
>
> (F.v. Schiller: Maria Stuart, 1. Aufzug, 2. Auftritt)

»Abschied heißt für mich zuallererst, verlassen werden, und davor habe ich Angst. Ich möchte lieber bleiben, lieber festhalten und wenn ich nicht bleiben kann, dann reiße ich mich kurz und schmerzvoll los.«

Viele Teilnehmer und Teilnehmerinnen von Gruppen auf Zeit (z.B. Bildungsveranstaltungen) haben mir so, oder ähnlich, ihre Schwierigkeiten mit dem Abschied beschrieben. Ich konnte sie gut verstehen. Mir ging (und geht) es als Leiter solcher sozialen Ereignisse nicht viel anders. Obgleich man in der Leitungsrolle viele Möglichkeiten hat, Schlußsituationen zu gestalten, ist man nicht nur »Täter« der Dynamik, sondern auch deren Opfer. Man ist zugleich die Spinne, die das Netz knüpft und die Fliege, die sich darin verfängt.

Werden auf der einen Seite die Teilnehmer gegen Ende durch den Verlust des Schutzes, den die Gruppe und deren Leitung gewährte, bedroht, so fällt andererseits den primär Verantwortlichen (Leiterinnen/Leiter/Dozentinnen/Dozenten) die Verarbeitung der Erfahrung, entbehrlich zu sein, sehr schwer.

Es ist kein Geheimnis, aber eine oft verdrängte Realität, daß jene, die leitende Funktionen ausüben, die Gruppenmitglieder zur Stabilisierung ihres Selbstwertgefühls benötigen und gebrauchen. Abschiedssituationen aktualisieren in dieser Perspektive narzißtische Kränkungspotentiale. Und es ist kein Wunder, daß im Gegensatz zum glorreichen Ideal aller Erziehung, sich nämlich überflüssig zu machen, die herrschende Realität eher darin besteht, daß Erzieherinnen/Erzieher, Trainerinnen/Trainer, Dozentinnen/Dozenten, Lehrerinnen/Lehrer, Beraterinnen/Berater immer dringender benötigt werden und sich auch immer mehr für notwendig halten. Wer ist schon gerne überflüssig, wer kann es problemlos aushalten, nicht mehr gebraucht zu werden? »Hinderlich wie überall, ist der eigene Todesfall« – meint Wilhelm Busch dazu.

Auch für diejenigen, die gelernt haben, die Spannung von Abschiedssituationen auszuhalten und produktiv zu bewältigen, ist der emotionale Entzug, der mit *jeder* Trennung einhergeht, spürbar. Spätestens dann merkt man ihn, wenn man auf der Heimfahrt vom Seminar im Verkehrsgewühl, im Großraumwagen der Bahn oder im Flugzeug erlebt, wie wenig man gefragt wird und wie wenig man gefragt ist: Ach, wie vergänglich sind doch die Möglichkeiten, Einfluß auszuüben (»Zum Glück«, so die Stimme eines erfahrenen Gruppenteilnehmers aus dem Hintergrund). Trotzdem, oder gerade deshalb, versuchen die »Herren des Geschehens«, (manchmal auch die Damen) solcher Vergänglichkeit im eigenen Interesse Einhalt zu gebieten. Vortragende kommen zum fünfzehntenmal zum Schluß, andere wiederholen ihre Abschiedsvorstellungen mehrmals. Überflüssige, ausufernde Schlußworte sind genauso üblich, wie die Absicherung des Überlebens durch die rituelle Verteilung von schriftlichen Unterlagen (Skripten) am Ende von Bildungsveranstaltungen. Gedacht als »Amulette der Unsterblichkeit« und damit als Möglichkeit, den Einfluß über das Ende von sozialen Prozessen hinüberzuretten, erhöhen solche losen Blätter jedoch allzuoft nur den Stapel des zum Recycling bestimmten Papierabfalls. Der Zauber solcher Unsterblichkeitsbemühungen ist begrenzt. Auch nicht gerade von attraktiver Anmut ist die (manchmal sogar selbst geglaubte) Begründung für die »Unterschlagung des Abschieds«: Die Wichtigkeit des Inhaltes, so die Argumentation, mache es zwingend notwendig, bis zum (bitteren!) Ende, Stoff zu vermitteln. Das glauben meist nur jene, die nicht im Kurs sitzen.

Deutsche Verordnung:

»Stirbt ein Bediensteter während einer Dienstreise, so ist damit die Dienstreise beendet.«

Nicht weniger verbreitet ist die Abwehr gegen Schlußsituationen durch perfektionistische Ansprüche. Man kennt dies u.a. aus der Therapie. So mancher Therapeut (und auch manche Therapeutin) lassen die Klienten ihre Fähigkeiten und die Selbst-Zweifel an der Wirksamkeit ihrer Fähigkeiten mittels einer gegen unendlich tendierenden Beziehung erfahren. Das Konzept des »lebenslangen Lernens« liefert dafür ja allseits akzeptierte Legitimation: »Der Mensch muß sowieso immer lernen, warum dann nicht bei mir?« Mit dem Argument der Perfektion kann man auch den sparsamsten Institutionsvertreter überzeugen, eine Fortsetzungsveranstaltung zu finanzieren. Mag sein, daß solches in dem einen oder anderen Fall auch wirklich sinnvoll ist; jedoch ist der Verdacht nicht ganz abwegig, daß perfektionistische Ansprüche nicht nur von jenen ehrenvollen Motiven gespeist werden, die geäußert werden.

Da mit dem Ende von Gruppenprozessen ja auch das Ende der finanzierten Leitungstätigkeit gekoppelt ist, könnten die Interessen, den Schluß zu verzögern, auch materieller Art sein. Oder es könnten eher eigennützige emotionale Motive dabei eine Rolle spielen, denn wer verzichtet schon gerne auf die sekundäre Nestwärme einer sozialen Gemeinschaft, in der er/sie viel Einfluß hat und deren Mitglieder einem Ansehen und Bewunderung garantieren. Die Verführung ist groß, anstatt Schluß zu machen, die Bedingungen fürs Weitermachen herzustellen. Dies ist ein etwas problematisches Verständnis der sonst sehr sinnvollen geistigen Aktivität »Schlüsse zu ziehen«. Man muß aufpassen, nicht irgendwann in die Situation jener beiden 82-jährigen Ehepartner zu kommen, die bei ihrem Scheidungstermin dem verwunderten Anwalt zur Kenntnis gaben, daß sie mit der Trennung warten wollten, bis ihre Kinder gestorben waren.

Ja, ja: »Nichts ist so schwer, als sich nicht betrügen.«

(L. Wittgenstein 1977, S. 71)

Selbst Freud fand das »Schlußmachen« keine einfache Leistung: »In dieser Lage griff ich zu dem heroischen Mittel der Terminsetzung.« (S. Freud 1975) Beenden ist ein Kraftakt, daran führt kein Weg vorbei. Schließlich rechtfertigt sich die Bezahlung von Dozenten und Dozentinnen, Trainern und Trainerinnen u.a. auch über solch notwendige Anstrengungen. Nicht ersetzbar ist diese Energieleistung durch die, besonders bei vielbeschäftigten (wer ist das nicht?) Trainern und Dozenten übliche Kompensationsgeste, die nächste Veranstaltung bereits vorzubereiten, bevor die noch laufende zu Ende gegangen ist. Solche Praxis rächt sich. Sie endet beim tragischen Nicht-Loslassen-Können, beim Rentner (oder Pensionär), der zwanghaft tagtäglich an seiner früheren Arbeitsstelle vorbeischaut, um zu prüfen, ob noch alles in Ordnung ist. Dagegen, frei nach Wilhelm Busch: Das Ende – und dieser Satz steht fest – ist stehts das Weitermachen, das man läßt.

Die Trennungsanstrengung seitens der Leitenden ist jedoch zuallererst deshalb notwendig, weil hierdurch die Gruppenmitglieder, die Teilnehmer, die Mitarbeiter usw. erst die Möglichkeit zu einem eigenen produktiven Abschied erhalten. Gute Dozenten und Trainer denken an sich *und* die anderen. Dann vielleicht können sie das auch von sich sagen, was Mignon in Goethes Wilhelm Meister behauptet: »Ich bin gebildet genug, um zu lieben und zu trauern.«

»Ach, sterbt nur nicht gnädiger Herr! Nehmt meinen Rat an und lebt noch viele Jahre. Es ist die größte Torheit, die ein Mensch in seinem Leben begehen kann, daß er mir nichts dir nichts stirbt. Steht auf! Wir wollen als Schäfer verkleidet aufs Feld gehen, wie wir es verabredet hatten, vielleicht finden wir hinter einer Hecke die entzauberte Seniora Dona Dulcinea. Wollt ihr aber aus Verdruß darüber sterben, daß ihr besiegt worden seid, so schiebt nur die Schuld auf mich und sagt, Rosinante wäre gestürzt, weil ich sie so schlecht gesattelt hätte. Ihr werdet ja auch in den Ritterbüchern gelesen haben, daß es etwas Alltägliches ist, daß ein Ritter den anderen aus dem Sattel hebt, und daß er, der heute besiegt wird, morgen der Sieger ist.« (M. de Cervantes: Don Quijote, Schlußkapitel)

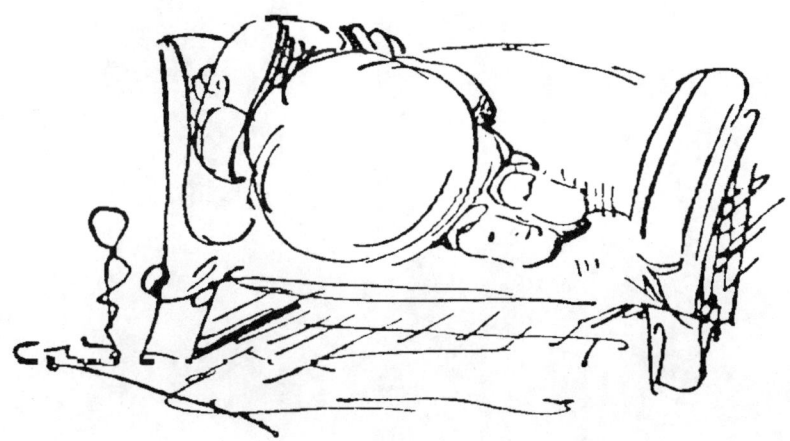

Zum Nachdenken:

Wenn Erzieher nicht aufhören können zu erziehen, so deshalb, weil sie nie autorisiert waren zu beginnen.

(N. Luhmann 1990, S. 17)

Kategorischer Imperativ

Reflektiere Deine Leiterfunktionen, die Du erfüllst und frage Dich, ob das Ende bedrohlich ist, weil es Dich von diesen entbindet.

Wichtige neue Erkenntnis

Man kann auch Schluß machen, ohne von allen geliebt zu werden.

Übungsaufgabe zur Vorbereitung

Stell Dir vor, es ist Schluß – und alle gehen ...

Wer am Ende ist, kann von vorn anfangen,

denn,

das Ende ist der Anfang von der anderen Seite.

Der Brief, den Du geschrieben,
er macht mich gar nicht bang.
Du willst mich nicht mehr lieben,
aber Dein Brief ist lang.

Zwölf Seiten, eng und zierlich!
Ein kleines Manuskript!
Man schreibt nicht so ausführlich,
wenn man den Abschied gibt.
(H. Heine)

Literaturverzeichnis

Adato, A.: Alltägliche Ereignisse – ungewöhnlich erfahren. Eine vergleichende Analyse von Erfahrungen des Abschiednehmens, in: E. Weingarten u.a. (Hrsg.): Ethnomethodologie – Beiträge zu einer Soziologie des Alltagshandelns, Frankfurt 1976, S. 179–202

Adorno, T.W. : Berg, Frankfurt 1977

Adorno, T.W. : Vermischte Schriften II, in: Gesammelte Schriften 20.2, Frankfurt 1983

Adorno, T.W. : Zur Metakritik der Erkenntnistheorie, Gesammelte Schriften 5, Frankfurt 1971

Allen, W.: Wie du dir so ich mir, Reinbek 1980

Ariès, Ph.: Studien zur Geschichte des Todes im Abendland, München 1976

Becker-Schmidt, R./Knapp, G.A.: Geschlechtertrennung – Geschlechterdifferenz – Suchbewegungen sozialen Lernens, Bonn 1987

Berkenbusch, G.: Zum Heulen. Kulturgeschichte unserer Tränen, Berlin 1985

Blaschek, H.: Variationen über das Thema 'Transfer', in: Erwachsenenbildung in Österreich, Heft 3, 1990

Bojanowsky, J.: Nicht-traurig-sein-können, Nicht-traurig-sein-dürfen und Nicht-unzufrieden-sein-dürfen bei Depressionen, in: Psychotherapie und med. Psychologie, 27. Jg., 1977, S. 223–228

Bönsch, M.: Produktives Lernen in dynamischen und variabel organisierten Unterrichtsprozessen, Essen 1970

Bowlby, J.: Trennung, München 1976

Brecht, B.: Buch der Wendungen, in: Gesammelte Schriften, Band 12, Frankfurt 1973

Bruns, G.: Über die psychologische Bedeutung des Abschiedsgrußes, in: Psyche, 42. Jg., Heft 7, 1988

Csef, H./Wyss, D.: Die Bedeutung von Bindung und Trennung für die Entstehung von Krankheiten, in: Der Nervenarzt, 56. Jg., 1985, S. 245–251

Curtmann, W.J.G.: Lehrbuch der Erziehung, 6. Aufl., Leipzig/Heidelberg 1855

Duby, G.: Guillaume le Maréchal oder der beste aller Ritter, Frankfurt 1986

Eco, U.: Der Name der Rose, München 1982

Eco, U.: Gespräch mit Cees Nooteboom, in: Ecos Labyrinth, in: Umberto Eco: Pendel und Computer, Bogen 29, München 1989

Feuerbach, L.: Gesammelte Werke, Bd. VI, Berlin 1967

Flaubert, G.: Bouvard und Pécuchet, Zürich 1979

Foucault, M.: Überwachen und Strafen, Frankfurt 1977

Freud, S.: Der Dichter und das Phantasieren, in: G.W., Band 7, Frankfurt 1966

Freud, S.: Die endliche und unendliche Analyse, in: Schriften zur Behandlungstechnik, Frankfurt 1975

Freud, S.: Trauer und Melancholie, in: Gesammelte Schriften, Bd. 10, Frankfurt 1973

Gehlen, A.: Einblicke, Frankfurt 1975

Geißler, Kh.A./Kade, J.: Die Bildung Erwachsener, München/Wien/Baltimore 1982

Geißler, Kh.A.: Anfangssituationen – Was man tun oder besser lassen sollte, 4. Aufl., Weinheim und Basel 1991

Geißler, Kh.A.: Zeit leben, 3. Aufl., Weinheim 1989

Gennep, A. van: Übergangsriten, Frankfurt/New York 1986 (Erstausgabe französisch 1909)

Gernhard, R.: Reim und Zeit, Stuttgart 1991

Glover, E.: The Technique of Psycho-Analysis, London 1954

Goethe, J.W.v.: Die Natur, Sämtliche Werke, Bd. 11, Zürich 1977 (S. 923)

Grau, H./Seidler, B.: Abschied, Trennung und Trauer in der Schule – Der Lehrer in schulischen Endsituationen, in: Lehrer-Journal Hauptschulmagazin, 4. Jg. Heft 5, 1989, S. 3–5

Handbuch der Psychologie, Band 1: Allgemeine Psychologie, Göttingen 1966

Hawlik, M./Water, van de: Der schöne Tod, Wien/Freiburg/Basel 1989

Horkheimer, M.; Adorno, T. W.: Dialektik der Aufklärung, Frankfurt 1969

Janosch: Das große Buch der Kinderreime, Zürich 1984

Kade, J.: Gestörte Bildungsprozesse, Bad Heilbrunn 1985

Kafka, F.: Hochzeitsvorbereitung auf dem Lande, Frankfurt 1983

Kafka, F.: Sämtliche Erzählungen, Frankfurt 1970

Kämpfer, H.: Trennung und Versöhnung: Grundelemente aller Rituale, in: Theorie von Praxis der Sozialpädagogik, Heft 3, 1984

Kant, I.: Anthropologie in pragmatischer Hinsicht, Akademie Ausgaben VIII., Berlin 1907

Kant, I.: Die drei Kritiken, Stuttgart 1975

Kast, V.: Zur Bedeutung der Trauer im therapeutischen Prozeß, in: Caritas 85 Jg., Heft 5, 1984, S. 205–214

Kejcz, Y., u.a.: Typen der Lernstrategie auf dem Bildungsurlaub, Heidelberg 1980 (= BUVEP Endbericht, Bd. IV).

Kierkegaard, S.: Die Tagebücher, 1. Bd., Köln/Düsseldorf, 2. Aufl. 1975

Knoll, J.: Kurs- und Seminarmethoden, Weinheimund Basel, 4. Aufl. 1992

Kornmann, R.: Die Sibylle der Zeit aus der Vorzeit, Regensburg 1814, 2. Aufl., Bd. 1

Krämer, M./Halberstadt, J./Kraus, J.: Gemeinschaft entdecken – Wege des Lernens in Gruppen, Gütersloh 1982

Leisegang, D.: Lauter letzte Worte, Frankfurt 1980

Lindner, W.V.: Die Beendigung einer psychoanalytisch geführten Gruppe, in: Gruppenpsychotherapie und Gruppendynamik, Bd. 26, 1990, S. 123-144

Luhmann, N.: Anfang und Ende: Probleme einer Unterscheidung, in: N. Luhmann/K. E. Schorr (Hrsg.): Zwischen Anfang und Ende, Frankfurt 1990

Luhmann, N.: Schematismen der Interaktion, in: N. Luhmann: Soziologische Aufklärung, Opladen 1981

Luthe, H.O.: Distanz, München 1985

Malerba, L.: Die nachdenklichen Hühner, Berlin 1984

Marquard, O.: Temporale Positionalität – Zum geschichtlichen Zäsurbedarf des modernen Menschen, in: R. Herzog/R. Koselleck (Hrsg.): Epochenschwelle und Epochenbewußtsein, München 1987

Da Matta, R.: Karneval, Paraden, Prozessionen, in: Lettre international, 4. Jg., Heft 4, 1990

Mentzos, S.: Personale und interpersonale Abwehr, Frankfurt/M. 1977

Meuli, K.: Entstehung und Sinn der Trauersitten, in: Schweizer Archiv für Volkskunde, Jg. 43, 1946

Mitscherlich, A./Mitscherlich, M.: Die Unfähigkeit zu trauern, München 1987

Mitscherlich, A.: Auf dem Weg zur vaterlosen Gesellschaft, München 1963

Moeller, M.L.: Zur Psychodynamik des Prüfungswesens, in: Zeitschrift für Psychotherapie und medizinische Psychologie, 22. Jg., Heft 1, 1972, S. 1–13

Moses, S.: Italo Calvino. Die Kunst nicht zu enden, in: J. Söring (Hrsg.): Die Kunst zu enden, Frankfurt u.a. 1990 S. 111 – 123

Moulin, L.: Augenlust und Tafelfreuden, Steinhagen 1989

Nabokov, V.: Sprich, Erinnerung, Sprich, Reinbek 1984

Negt, O.: Chinesische Wundermale, in: Vorgänge Heft 4, 1990

Otruba, G.; Sagoschen, J.A.: Gerberzünfte in Österreich, Wien 1956

Pädagogisches Lexikon, Bielefeld/Leipzig 1930

Pagés, M.: Das affektive Leben der Gruppen. Eine Theorie der menschlichen Beziehungen. Stuttgart 1974

Pütt, H./Susteck, H.: Schlußfiguren des Unterrichts, in: W. Twellmann (Hrsg.): Handbuch Schule, Unterricht, Bd. 8.1, Düsseldorf 1986, S. 297–311

Rilke, R.M.: Abschied, in: Sämtliche Werke, Frankfurt 1990, S. 463/464

Rhoden, E.v.: Der Trotzkopf, o.O., 1.Auflage 1885

Ruellan, A.: Die Kunst zu sterben, Wiesbaden 1966

Schindler, W.: Family Pattern In Group Formation And Therapy, in: International Journal of Group Psychotherapy, Heft 1/2, 1951, Seite 100–105

Schmidt, E.R./Berg, H.G.: Aufhören und Anfangen – Wechselfälle im Alltag einer Gemeinde, Gelnhausen 1983

Schurtz, H.: Altersklassen und Männerbünde, Berlin 1902

Simmel, G.: Soziologie der Mahlzeit, in: G. Simmel: Brücke und Tür, Stuttgart 1957, S. 243–250

Slater, Ph.E.: Mikrokosmos, Frankfurt 1970

Söring, J. (Hrsg.): Die Kunst zu enden, Frankfurt u.a. 1990

Steiner, W.: Das Beste am Ende. Wie ich mir die letzte Woche vor den Ferien wünsche – eine konkrete Utopie, in: Westermanns Pädagog. Beiträge, Heft 6/1982, S. 26–27

Stiefel, R.Th.: Grundfragen der Evaluierung in der Management-Schulung, Frankfurt 1974

Tucholsky, K.: Danach, in: Gesammelte Werke, Reinbek 1960

Tyrell, H.: Zwischen Interaktion und Organisation: Gruppe als Systemtyp, in: F. Neidhardt: Gruppensoziologie, Opladen 1983

Waberer, K.v.: Schnittmuster, in: Kursbuch Nr. 87, Berlin, 1987

Walser, R.: Es war einmal, Zürich/Frankfurt 1986

Weerth, G.: Sämtliche Werke, Bd. III, Berlin/Weimar 1957

Weischedel, W.: Skeptische Ethik, Frankfurt 1976

Wellendorf, F.: Schulische Sozialisation und Identität, Weinheim/Basel 1973

Wesemann, M.: Wo noch was zu erledigen ist. Irritationen am Ende des Schuljahres, in: Westermanns Pädagogische Beiträge, Heft 6, 1987, S. 8–10

Widmer, U.: Die Firma BRD, in: Tintenfisch 24, Berlin 1985

Winnicot, D. W.: Vom Spiel zur Kreativität, Stuttgart 1973

Wissell, R.: Des alten Handwerks Recht und Gewohnheit IV., Berlin 1985 (Original 1712)

Wittgenstein, L.: Tractatus logico-philosophicus, Frankfurt/M. 1963

Wittgenstein, L.: Vermischte Bemerkungen, Frankfurt 1977

Wittwer, W.: Übergang wohin? Kann die Duale Ausbildung in Zukunft noch für eine berufliche Tätigkeit qualifizieren? in: D. Brock u.a. (Hrsg.): Übergänge in den Beruf, München 1992

Wörterbuch der Kunst, Stuttgart 1978

Yalom, L.D.: Theorie und Praxis der Gruppenpsychotherapie, München 1989

Zundel, R.: Der schwere Abschied – Vom Leid der Politiker nach dem Entzug von Macht, Öffentlichkeit, Apparat und Wirkungsmöglichkeiten, in: Die Zeit, Nr. 15 vom 7. April 1989, S. 45–46

Bildnachweis

S. 127:   Hartmann, Martin 1992
S. 141:   Hornback/Voller Ernst
S. 142:   Hoek, Frans: Der Fußball-Torwart. Ein Leitfaden für Training und Wettkampf,
Göttingen 1983
S. 143:   Schinzler, Peter, in: Süddeutsche Zeitung MAGAZIN, 22.5.92
S. 149:   Valentin, Karl: Schlußszene des Films »Der neue Schreibtisch«, um 1914

Textquellen

S. 28:   Büttner, Ch./Trescher, H.G.: Chancen der Gruppe, Matthias-Grünewald-Verlag,
           Mainz 1987
S. 41:   Kluge, Alexander: Die Macht der Gefühle, Textbuch zum Film 1984
S. 46:   Leisegang, Dieter: Lauter letzte Worte, Suhrkamp Verlag, Frankfurt am Main
           1980
S. 128:   Rilke, Rainer Maria: "Abschied", aus: Sämtliche Werke, Insel Verlag,
           Frankfurt am Main 1990
S. 137:   Tucholsky, Kurt: "Danach", aus: Gesammelte Werke, Rowohlt Verlag,
           Reinbek 1960

Wie bei (fast) jedem Schluß, haben auch bei diesem mehrere Personen mitgewirkt: Astrid Dietrich, Ellen Schmidt, Frank Michael Orthey, Roslinda Hiltwein, Christiane Reinert, Martin Hartmann, Bernd Weidenmann, Wolfgang Wittwer. Ihnen danke ich dafür.

Im übrigen gehts mir wie Herrn Goethe:
»Ich verdanke meine Werke keineswegs meiner eigenen Weisheit, sondern Tausenden von Dingen und Personen außer mir, die mir dazu das Material boten, und ich hatte weiter nicht zu tun, als zuzugreifen und das zu ernten, was andere für mich gesät hatten!«

Macht's halt Schluß, damit a Ruah is!

Ende – Schluß – Aus – Finito – Explicit[35]

THE END

A **BELTZ** Production

Und wer jetzt nach dem Schluß wieder anfangen will, für den gibt es die *Anfangssituationen* (von Kh. A. Geißler), Beltz Verlag, Weinheim und Basel, DM 34,– (ISBN 3-407-36303-6)

35 Explicit: Mittelalterliche Abkürzung aus »Explicitus est liber« (Das Buch ist zu Ende)